더불어 사는
행복한 정치

더불어 사는
행복한 정치

서해경·이소영 글 | 김원희 그림

1판 1쇄 발행 2009년 10월 30일
1판 11쇄 발행 2022년 5월 16일

발 행 인 | 서경석
편 집 인 | 김민정

편집 | 송지연   디자인 | 강선희   마케팅 | 서기원   제작·관리 | 서지혜·이문영

발 행 처 | 청어람주니어   출판등록 | 제313-2009-68호
본사 주소 | 경기도 부천시 부일로 483번길 40 서경빌딩 3층 (14640)
주니어팀 주소 | 서울특별시 구로구 디지털로 272 한신IT타워 404호 (08389)
전화 | 02) 6956-0531   팩스 | 02) 6956-0532
전자우편 | juniorbook@naver.com

ISBN 978-89-93912-17-3 73370
ISBN 978-89-93912-16-6(세트)

이 책의 내용을 쓰려면 저작권자와 청어람주니어의 허락을 받아야 합니다.

더불어 사는 행복한 정치

서해경·이소영 글 | 김원희 그림

청어람주니어
Chungeoram Junior

| 이 땅의 모든 어른들께 드리는 추천의 글 |

'더불어 사는 행복한 정치'를 꿈꾸며

● '정치'란 말은 아이들과 어울리지 않는다고 생각할지도 모릅니다. 아이들은 혼탁한 세상에 물들지 않고 순수하게 살아가야 한다고 말하는 이가 있을지도 모릅니다. 그래서 촛불소녀의 등장은 그들에게 충격이었고 잘못된 교육으로 나타난 일시적인 현상으로 치부하고 싶었을 것입니다. 하지만 정치란 사람과 사람 사이의 관계 속에서 꼭 필요한 행위입니다. '놀이 규칙을 정하는 것이나 학교에서 학급회의를 하는 것'이 모두가 정치이지요.

유대인이었던 독일 출신의 정치 철학자 한나 아렌트는 유대인들의 비극을 그들이 정치적이지 못했던 탓이라고 말합니다. 이 책의 머리말에서 언급된 이디오트(고대 그리스에서 '정치에 관심 없는 시민'을 일컫는 말)가 그 시대 유대인들의 모습이었다고 한나 아렌트는 생각했던 것입니다. 그들이 독일에서 그들만의 목소리를 내고, 자신의 의견을 내세우며, 자신을 보호하기 위한 정치적인 활동을 꾸준히 해 왔다면 그들의 운명은 바뀌었을지도 모른다고 주장하지요.

사람은 혼자 살아갈 수 없고 많은 이들과 관계를 맺으며 살아갑니다. 그 관계 속에서 벌어지는 다양한 의견과 다툼을 해결해 가는 것이 정치입니다. 지금

당장 나와 상관없다고 무시해 버리면 나중에 돌이킬 수 없는 결과를 불러올 수도 있습니다. 그래서 우리 아이들에게 정치가 무엇인지, 올바른 정치가 우리 곁에 머무르기 위해 우리가 할 수 있는 일은 무엇인지 알려 주고 싶었습니다. 이 책은 그런 질문들에 대한 답을 들려주고 있습니다.

수업시간에 아이들과 함께 공부하는 선거나 국민의 권리와 의무, 행정부와 입법부, 사법부 같은 교과서의 내용들은 그저 사전적인 정의를 학습하는데 급급하기만 합니다. 그 의미와 역사 그리고 우리나라에서 실제로 어떤 일들이 일어났고, 우리 교실에서 일어나는 일들과 어떤 의미가 있는지 교과서에서는 다루어지지 않습니다. 하지만 《더불어 사는 행복한 정치》에서는 우리 현대사에서 일어난 실제 사건과 아이들이 이해하기 쉬운 전래동화를 차용해 단편적인 지식이 아니라 함께 고민하고 생각할 기회를 마련하고 있습니다.

이 책을 통해 우리는 정치는 정치가들에 의해서만 이루어지는 것이 아니라 아이들이 살아가는 일상생활에서도 계속해서 이루어진다는 것을 새삼 깨닫게 될 것입니다. 특히 언론의 자유를 담은 〈민주주의를 지키는 방패, 언론〉이나 시민 한 사람, 한 사람이 모여 민주주의를 지킨다는 〈내 손으로 만드는 민주국가〉와 같은 내용은 교과서에서는 언급되지 않는, 어쩌면 아이들이 몰랐으면, 했을지도 모르는 민주주의의 중요한 가치인 언론과 시민참여에 대해 이야기하고 있습니다. 이 책을 아이들과 함께 읽고 더 많은 이야기를 나누면서 정치란 나와 다른 생각을 받아들이고, 남을 이해하며, 더불어 사는 행복한 세상을 만들어가는 일이라는 것을 알려 주고 싶습니다.

-원주 구곡초등학교 교사 **황정회**

● 정치란 무엇일까요? 정치는 신문이나 TV 속에서만 나오는 것일까요? '정치' 하면 아이부터 어른까지 모두 먼 나라 얘기처럼 대하는 듯합니다. 요즘 우리의 정치는 마치 소외된 괴물과도 같은 느낌입니다. 하지만 정치는 우리 삶에서 가장 가까운 친구와도 같은 존재입니다. 다만 그것을 보느냐, 보지 못하느냐, 느낄 수 있느냐, 느낄 수 없느냐의 차이겠지요.

이 책《더불어 사는 행복한 정치》는 정치가 멀고 어려운 것이 아니라는 것을 쉽게 알려 주는 책입니다. 그리고 정치가 삶 속에서 가장 가깝게 접할 수 있는 것, 우리의 생활 자체라는 것, 또 궁극적으로 우리가 더불어 행복해질 수 있는 방법이 될 수 있다는 것을 알려 주는 즐거운 책입니다.

각 장마다 생각할 거리를 던져 주고 있으며, 우리 아이들에게 '어떻게 하면 행복하게 잘 살아갈 수 있을까?' 란 질문을 스스로에게 해 볼 소중한 기회가 될 것입니다. 그리고 이 책을 통해 생각하는 방법 또한 체득하리라 믿습니다.

살아가면서 우리는 많은 것들을 본다고 생각하지만, 실은 자세히 보지 못하고 스쳐지나가듯 볼 때가 많습니다. 삶을 구석구석 자세히 살펴보면 애정도 솟아나고, 지혜도 자라납니다. 그리고 자세히 살필수록 그 대상이 무엇인지, 점점 깨닫게 됩니다. 또 세상은 수많은 관계들로 이루어져 있고, 그 관계들이 서로 조화를 이루어야 나도, 세상도 더불어 행복해질 수 있습니다.

이러한 진실을 지루하지 않고, 재미있게 말해 주는 이 책을 통해 아이들이 귀한 진실을 조금씩 알아갔으면 좋겠습니다.

—동화작가, 독서치료사 윤정선

● 〈여우와 신포도〉이야기를 들어 본 적 있으시죠? 길을 가던 여우가 높은 담장에 달려 있는 포도를 보고 너무 먹고 싶었지만, 그 여우의 능력으로는 도저히 그 포도를 먹을 수 없었다고 합니다. 그래서 여우는 그 포도를 보고 "저 포도는 분명히 아주 맛없는 신포도일 거야"라고 말하며 그냥 지나갔다는 이야기입니다. 이 이야기를 떠올리면 어떤 생각이 드시나요? 살아가면서 혹시 이런 경험을 한 적은 없으셨는지요? "에이, 이건 내 능력으로는 안 될 일이야. 저건 원래부터 저런 걸 거야" 하고 애써 위로하고 지나간 경험은 없었나요?

그런데 과연 우리 주변에 원래부터 그랬던 것이 있을까요? 원래부터 그렇다고 생각하며 살았다면, 지금 우리가 사는 사회는 과연 어떤 모습일까요? 우리 사회가 무조건 진보하고 있다고 확신하는 것은 매우 위험하지만, 만약 우리 생활이 조금 더 편안하고 행복해졌다면 그것은 언제나 '왜?'라는 물음 끝에서 탄생한 것이 아닐까요?

이 책은 이처럼 '왜?'라는 물음 앞에 우리를 서게 합니다. 그리고 '당신이라면?'이라는 선택의 순간 앞에 우리를 놓아둡니다. 그리고 주변의 생활 속에 녹아 있는 정치 이야기 속으로 우리를 이끌어 냅니다. 그러나 이런 중요한 선택의 순간은 비단 어른들에게만 있지 않습니다. 정치는 어른들만의 것이 아닙니다. 그리고 그것이 어떻게 우리 생활 속에 이미 들어와 있는지를 발견하게끔 도와줍니다.

그러니 이 책을 먼저 읽게 될지도 모를 어른 독자들은, 흔히 정치를 생각할 때 떠올리게 되는 어려운 용어만을 먼저 내세우지 않길 바랍니다. 이 책은 용어나 딱딱한 사실만을 나열하는 방식을 취하지 않고 주변에서 겪는 이야기, 혹은 전해 내려오는 이야깃거리를 한 편씩 들려주는 방식으로 시작하고 있기 때문이지요. 그리고 한 편의 이야기가 끝이 날 때는 신문 기사를 읽어 줍니다. 그런데 흥미로운 것은 이러한 것들이 우리가 평소에 어렵게만 생각했던 '정치'와 깊은 연관을 맺고 있는 이야기들이라는 것입니다. 그러니 이야기를 읽어 나가면서 그 속에서 정치와 맺고 있는 비밀을 찾아보는 것도 유익한 상상이 될 것입니다.

또한 이 책은 정치에 대해 비교적 뚜렷한 한 가지 관점을 갖고 있습니다. 결국 정치는 개인의 선택을 요구하는 것이기 때문입니다. 그런데 그 관점이 더불어 사는 사회, 그래서 행복한 사회를 지향하는 관점이라는 점에서 이 선택을 지지하고 싶습니다. 그 관점은 우리 사회의 단순하고 가시적인 진보 외에, 이 사회의 약자를 돌아보게 하고 그래서 함께 행복한 사회를 꿈꾸는 데에 닿아 있습니다. 정치와 역사에 대한 희망을 가져야 할 이유가 있다면 바로 도움을 필요로 하는 그 누군가를 도와주고자 하는 마음과, 그리고 또렷한 이상향에 대한 진정성, 그 마음에서 비롯되는 것이 아닐까요?

만약 이 책에서 계속해서 던지는 여러 물음들에 익숙하지 않은 독자가 있다면, 스스로를 한번 돌아보는 건 어떨까요? 나는 혹시 신포도 이야기의 여우처럼 '저건 처음부터 내가 딸 수 있는 열매가 아니야' 하고 지레 포기하며 주변을 바라보고 있지는 않은지 말입니다. 쉽게 포기하지 않고 우리가 사는 작은 세상 안에서 바른 정치를 계속 연습해 나간다면, 이 책을 읽게 될 어른과 어린이 독자들이 만나게 될 대한민국의 미래 정치는 지금보다 더 나아질 것입니다. 자, 기꺼이 이야기꾼이 되어 주신 서해경, 이소영 선생님의 《더불어 사는 행복한 정치》 이야기 속으로 여러분을 초대합니다.

—용인 동백초등학교 교사, 초등 행복한수업만들기 연구원 윤민경

● "당신은 정말 정치적이군요" 라는 말은 헤게모니를 장악하기 위한 권모술

수가 들어 있다는 뜻으로, 정치에 대한 부정적인 인식을 내포하고 있습니다. 이것은 당리당략에 빠져 부정부패만 일삼는 정치인들의 모습 때문일 것입니다.

이런 정치에 대한 부정적 인식의 틀은 이 땅에 살고 있는 우리 아이들에게도 커다란 영향을 미쳤습니다. 정치를 단지 사회 시간에 잠시 배우고, 암기하여 90점 이상의 점수만 받으면 되는 시험문제쯤으로요! 정치인들은 국회격투기장에서 금배지를 달고 한판 맞짱 뜨는 이종격투기 선수쯤으로 생각하게 만들었고요. 정치를 아이들 삶과 전혀 상관없는 박제로 만들어 버린 것입니다.

계속해서 대한민국의 정치가 개판이라고 혀만 차고 계실 건가요? 언제까지 냉소적인 태도로, 우리 아이들이 정치에 대해 무관심하게 만들 건가요? 이제, 정치에 대한 회의에서 벗어나 우리 아이들에게 정치가 무엇인지 정확히 알려줘야 할 때입니다. 정치는 전 인류공동체가 평화와 공존을 위해 꼭 필요한 방법론이기 때문입니다. 성숙한 시민사회는 하루아침에 이뤄지는 것이 아닙니다. 어린 시절에 심겨진 정치에 대한 관심의 씨앗이 뿌리를 내고, 줄기를 내고, 가지를 내어 성숙한 시민 사회라는 열매를 맺게 할 것입니다.

《더불어 사는 행복한 정치》는 우리 아이들에게 정치에 대한 관심을 심어 주는 씨앗입니다. 정치에 대한 부정적인 인식에서 벗어나, 인간에게 정치가 꼭 필요한 것임을 일깨워 주고 있습니다. 그리고 단지 교과서적인 지식들을 풀어 놓지 않고, 재미있는 일화와 삽화를 통해 여러 정치적인 개념을 쉽게 이해할 수 있도록 하고 있습니다. 또한, 여기에서 그치지 않고 한 발 더 나아가, 실제 아이들의 생활 속에서 정치적 개념과 원리를 적용할 수 있도록 많은 토론 거리를 제공하고 있는 것이 이 책의 장점입니다.

─독서지도사 임윤희

● 뉴스나 신문을 볼 때마다 느끼는 것은 우리나라 정치에 대한 회의였습니다. 그래서 정치에 대해선 아예 관심을 끊고 아이들과 생활하는 데만 열중했습니다. 그러다 《더불어 사는 행복한 정치》를 읽고, 제 생각이 잘못되었다는 것을 깨달았습니다. 정치는 관심을 끊는다고 나와 상관없어지는 것이 아니고 이미 내 삶과 긴밀히 연결되어 있음을, 그리고 적극적으로 정치에 참여해야 '더불어 행복한 사회'로 한 발 더 나아갈 수 있음을 알게 되었습니다. 아이들과 늘 함께하는 부모님들, 학교나 공부방 선생님들, 이모와 삼촌들에게 이 책을 권합

니다. 《더불어 사는 행복한 정치》는 우리 아이들의 생각의 지평을 넓혀 주고, 새로운 시선으로 정치를 바라보는 데 큰 도움을 줄 것입니다. 이제는 우리 아이들에게 '진짜 생각하는 힘'이 무엇인지 알려 줘야 할 때입니다.

-당진 석문중학교 교사 유진종

*추천사를 써 주신 분들의 이름으로, 원하시는 학급과 공부방에 청어람주니어 도서를 지원했습니다.

| 작가의 말 |

여러분은 혹시 '이디어트'가 아닌가요?

우연히 어떤 책을 보았는데, 그 책에 이런 내용이 있었어요. '이디어트(idiot)'라는 영어 단어가 원래 고대 그리스어에서 왔고, 고대 그리스에서는 '정치에 관심 없는 시민'을 이디어트라고 불렀다는 거예요. 우리는 깜짝 놀랐어요. 이디어트는 '바보나 얼간이, 지능이 세 살 정도 수준인 사람'을 표현하는 단어잖아요. 결국 '정치에 관심 없는 시민'은 '바보, 얼간이'라는 뜻이죠.

그 내용을 읽으며 그동안 정치에 무관심하게 살아오고, 정치에 대해 이러쿵저러쿵 나서는 사람을 보고 '유난 떤다'고 은근히 못마땅하게 여기던 일들이 떠올랐어요. 정말 낯이 화끈거리고 개미굴에라도 숨고 싶은 심정이었지요.

그래서 적어도 바보 소리는 듣지 말아야겠다, 다 큰 어른인데 지능이 세 살 수준인 이디어트가 되어서야 체면이 말이 아니지, 하며 정치에 관심을 갖기 시작했답니다.

그렇다고 특별한 공부를 시작한 것은 아니에요. 어려운 정치학 책을 읽을 필요도 없고, 정치 강의를 들으러 다닐 필요도 없었어요. 가끔씩 신문과 뉴스를 보면서 우리나라에서 벌어지는 일을 살펴보고, 곰곰이 생각해 보고, 다른 사람의 생각을 듣는 정도였지요.

이렇게 정치에 대해 관심을 갖자, 정치가 우리 삶 속에 항상 있어 왔음을 알 수 있었어요. 그리고 정치란 나와 우리 모두에 대해 관심을 갖는 것이라는 것도 알게 되었죠. 또 정치는 직업이 정치인인 몇몇 사람들만 하는 것도 아니고, 그들에게만 맡겨 두어도 안 된다는 것을 깨달았답니다. 왜냐하면, 정치는 나의 모든 삶에 영향을 미치기 때문이에요.

예전에는 다른 사람을 도우며, 아무에게도 피해를 주지 않고 정말 열심히 공부하고 일하면 행복해질 거라고 믿었어요. 모든 것은 내가 노력하기 나름이라고요. 고대 그리스인들이 자신과 가족에게만 관심을 가지고 정치에는 관심 없는 사람을 이디어트라고 말했듯이 나 역시 이디어

트였던 거예요. 여러분도 조금만 생각해 보면, 정치에 관심 없는 것이 얼마나 어리석은 일인지 알 수 있을 거예요.

남아프리카 공화국은 불과 수십 년 전만 해도 아파르트헤이트(흑인을 차별하는 정책과 제도)라는 정책을 폈어요. 흑인과 백인은 서로 다른 마을에서 살았고 다른 식당, 다른 직업을 가져야 했지요. 마음대로 다른 지역에 갈 수도 없었어요. 전체 인구의 대부분이 흑인이었는데도, 백인이 정치를 독차지하고 있었지요. 흑인은 억울했지만 어쩔 수 없었어요. 왜냐고요? 흑인은 그런 억울함을 바꿔 줄 정치에 참여할 권리가 없었기 때문이에요. 흑인으로 태어난 이상, 아무리 똑똑하고 열심히 노력해도 국가에서 정한 대로 살 수밖에 없었지요.

하지만 흑인들의 노력과 희생으로 1991년부터 흑인도 정치에 참여할 권리를 갖게 되었고 만델라가 최초의 흑인 대통령으로 선출되었답니다.

이제, 남아프리카의 흑인들도 백인처럼 평등하고 자유롭게 살 수 있어요. 그리고 조금 더 행복해졌지요.

다행히 우리는 정치에 참여할 권리를 이미 가지고 있어요. 그 권리를 지키고 정치에 참여해야 해요. 정치는 여러분의 삶에 아주 큰 영향을 미치니까 말이에요.

여러분, 행복해지고 싶나요? 그렇다면 정치에 관심을 가지세요. 그래야 행복한 사회, 좋은 국가를 만들 수 있어요. 우리의 행복은, 남이 알아서 만들어 주지 않아요. 정치도 마찬가지예요. 우리가 직접, 더 행복한 사회를 만들어 봐요.

2009년 가을, 서해경과 이소영

● 차례

이 땅의 모든 어른들께
드리는 추천의 글 4

작가의 말 14

국가와 국민과 정치
정치란 무엇일까? 23
_생각이 깊어지는 자리 35

국가란 무엇일까? 41
_생각이 깊어지는 자리 55

권력이란 무엇일까? 59
_생각이 깊어지는 자리 71

민주주의의 원리
누가 나라의 주인인가? 79
_생각이 깊어지는 자리 92

민주주의를 두려워하는 독재자 99
_생각이 깊어지는 자리 113

법으로 다스려요, 법치주의 119
_생각이 깊어지는 자리 132

나눌수록 좋은 것, 권력 137
_생각이 깊어지는 자리 148

3 민주주의를 지키는 힘

민주주의의 뿌리, 선거 155
_생각이 깊어지는 자리 167

권력을 감시하는 기구들 173
_생각이 깊어지는 자리 187

민주주의를 지키는 방패, 언론 193
_생각이 깊어지는 자리 205

4 시민의 정치 참여

내 손으로 만드는 민주국가 213
_생각이 깊어지는 자리 226

민주주의를 꽃피운 사람들 231
_생각이 깊어지는 자리 244

5 국제정치의 역할

전쟁 없는 세상 만들기 251
_생각이 깊어지는 자리 264

국경을 허무는 사람들 269
_생각이 깊어지는 자리 283

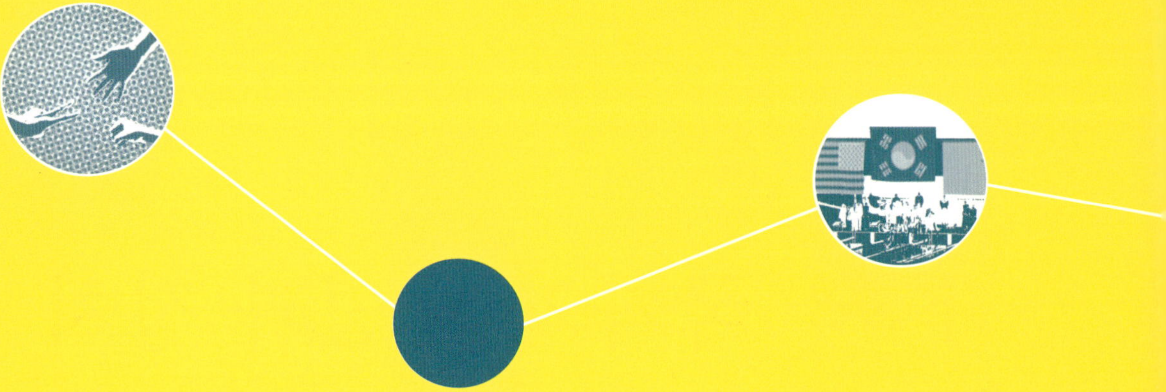

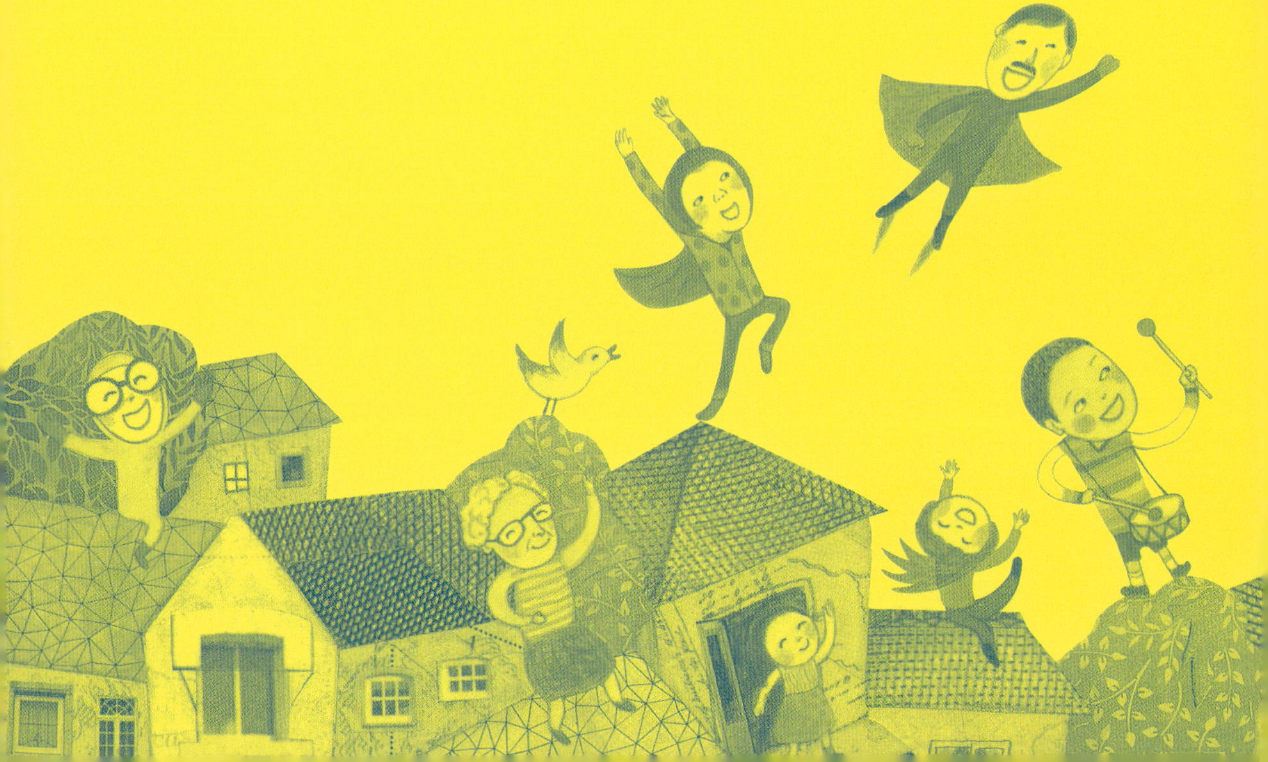

정치란 무엇일까?

아이들의 놀이 속에도 정치는 숨어 있다!
우리 삶 곳곳에서 발견할 수 있는 정치,
정치란 무엇일까?

절구와 방망이

옛날 어느 마을에 사이좋은 두 친구가 살았습니다. 두 친구는 어려서부터 담을 맞대고 살아서 무엇이든 함께했습니다. 봄이면 산으로, 들로 뛰어다니며 산딸기와 앵두를 따 먹고요. 여름이면 시원한 냇가에서 멱을 감으며 물고기를 잡기도 했지요. 가을이면 무섭기로 소문난 호랑이 할머니 집 감나무에 몰래 올라가 빨갛게 익은 단감을 따 먹다가 혼이 나기도 했어요.

그렇게 시간이 흘러, 두 친구는 어느덧 늠름한 청년이 되었습니다. 둘 다 부지런하고, 힘도 세서 동네에서 칭찬이 자자했어요. 둘이서 논둑길을 걸어갈라치면 여기저기서 부르는 바람에 몇 걸음도 걷지 못할 정도였으니까요.

"이보게, 돌이. 저번 씨름대회에서 우승을 했다며? 축하하네."

"네, 감사합니다. 어르신."

"어이, 웅이. 자네 밭에서 나온 곡식이 알이 굵고 좋더구먼. 농사는 자네가 최고야."

"하하, 별말씀을요. 감사합니다요."

돌이와 웅이는 머리를 숙여 인사를 했습니다.

그런데 참 이상하지요. 언제까지나 사이가 좋을 것만 같던 두 친구 사이에 조금씩 금이 가기 시작했어요. 그 이유는 바로 마을 사람들 때문이었지요.

"아무리 봐도 돌이가 나아. 키도 팔대장승같이 크고, 인물도 훤하지 않은가."

"무슨 소리! 웅이가 백 배는 낫지. 키만 멀대같이 크면 뭐하나. 남자는 웅이처럼 다부진 데가 있어야 하네."

"어허, 이 사람. 모르는 소리 말게. 돌이네 밭에 가 보게. 얼마나 야무지게 농사를 잘 짓는지."

"거참, 웅이네 밭에서 나온 곡식을 못 봤나? 감자며, 옥수수가 아주 대들보만 하다니까."

처음에 두 친구는 이런 소리를 듣고도 사람 좋게 웃기만 했습니다. 그런데 듣기 좋은 꽃노래도 한두 번이지요. 계속해서 이런 이야기를 들으니 슬그머니 서로 경계하는 마음이 드는 게 아니겠어요.

'웅이 녀석, 오늘 새벽같이 일어나 나 몰래 밭에 나가던데. 나보다 농

사를 더 잘 지을 마음에 그러는 거 아니야?'

'돌이 녀석, 어제 보니 밭에 거름을 두 통이나 더 지어다 붓던데. 나보고는 거름 많이 주면 농사 망친다고 하더니 말이야.'

이렇게 두 친구는 슬금슬금 서로 눈치를 보기 시작했습니다. 점점 말도 아끼게 되었고요.

그 날도 한 마디도 하지 않은 채 땀을 뻘뻘 흘리며 밭을 갈고 있었습니다. 누가 먼저 지치나 내기라도 하듯이요. 그러다가 밭의 경계에서 두 사람의 쟁기가 챙, 하고 부딪쳐 엉키고 말았습니다.

"돌이, 먼저 빼지 그러나."

"무슨 소리, 네 쟁기나 먼저 빼."

둘이 이렇게 밀고 당기다 보니 쟁기는 점점 땅 속으로 파고들었습니다. 그러다 무언가 단단한 것에 쟁기 끝이 탕, 하고 닿았습니다.

"이게 뭐지?"

두 친구가 흙을 파 보니 묵직한 절구와 방망이가 묻혀 있었습니다. 절구와 방망이는 한눈에 보기에도 꽤 쓸 만했습니다.

"이건 내 거야. 내 밭에서 나왔지 않나."

돌이가 절구와 방망이를 껴안으며 말했습니다.

"뭐라고? 절구통이 절반 넘게 내 밭에 묻혀 있었으니 이건 내 거야."

웅이도 양보할 수 없다는 듯 소리를 빽 질렀습니다.

두 친구는 서로 절구와 방망이를 가지겠다고 다투기 시작했습니다. 결국엔 이 소동에 온 마을 사람들이 나와서 거들게 되었지요.

"누구 쟁기가 먼저 절구에 닿았는지를 알아보세. 그 쟁기 임자가 절구를 가지면 되지 않겠나?"

"그걸 지금 어떻게 기억하나? 방망이는 돌이 쪽 밭에 많이 가 있고, 절구통은 웅이네 밭에 많이 가 있으니 서로 절구와 방망이를 나눠 가지게나."

"에끼, 이 사람. 절구통 없는 방망이, 방망이 없는 절구통으로 무얼 하나? 가지려면 둘 다 가져야지."

이렇게 절구와 방망이 소동은 몇 날 며칠이 지나도록 끝나지 않았습니다. 결국 돌이와 웅이도, 마을 사람들도 지쳐 버렸지요.

그때 마을에서 가장 나이 많고, 지혜로운 노인이 나섰습니다.

"여보게들, 이렇게 해서는 끝이 나지 않을 것 같네. 그래서 내가 한 가지 제안을 하지. 돌이와 웅이가 함께 찾아낸 절구와 방망이를 마을 사람들이 모두 쓸 수 있도록 하는 게 어떻겠나? 곡식을 빻을 때마다 절구와 방망이가 없는 집에서는 고생을 하지 않았나. 그때마다 남의 집에 빌리러 가기도 난처하고 말이야. 마을 사람들이 함께 쓸 수 있는 절구와 방망이가 있다면 필요할 때 언제든지 쓸 수 있으니 얼마나 좋겠나."

사람들이 하나 둘 고개를 끄덕이기 시작했습니다.

"어르신, 참 좋은 말씀입니다."

"그래요. 모두 같이 쓰는 게 가장 좋은 방법 같네요."

마을 사람들은 모두 돌이와 웅이를 빤히 쳐다보았습니다. 두 친구도 서로 마주 보았지요. 그러곤 누가 먼저랄 것도 없이 머리를 긁적이며 말

했습니다.

"네, 그러지요. 절구와 방망이는 모두 함께 쓰는 게 좋겠습니다."

"저희가 괜히 싸움을 벌여 죄송합니다요."

그 날부터 절구와 방망이는 마을에 없어서는 안 될 소중한 보물이 되었답니다. 돌이와 웅이도 다시 예전처럼 세상에 둘도 없는 친구 사이로 돌아간 건 말할 필요도 없겠지요.

- 평생 다투지 않고, 사이가 좋을 것만 같았던 두 친구가 절구와 방망이를 서로 갖겠다고 싸움을 벌였어. 지혜 많은 노인이 좋은 해결 방법을 일러주지 않았다면 절구와 방망이 소동은 어떻게 끝이 났을까? 마을 사람들끼리 편을 나누어 싸우게 되었을지도 모르고, 돌이와 웅이는 친구는커녕 원수가 되었을지도 모르지. 우리는 〈절구와 방망이〉 이야기를 통해 사람들이 사는 곳에서 정치가 어떤 역할을 하는지 알 수 있단다.

사람은 혼자 살아갈 수 없다

사람이 살아가려면 무엇이 필요할까? 물과 공기, 옷과 음식, 따뜻한 집, 이런 것들이 필요하겠지. 그 밖에 또 무엇이 필요할까? 어떤 친구는 재미있는 게임기가 없으면 안 된다고 할 테고, 어떤 친구는 맛있는 라면 없이는 살 수 없다고도 말할 거야.

그런데 말이야. 만약에 나와 같은 '사람'이 없다면 어떨까? 과연 아무도 없이 나 혼자서 이 세상을 살아갈 수 있을까? 혼자서 살아가는 동안 어떤 일이 생길까?

호랑이나 곰 같은 위험한 동물이 나를 해칠지도 몰라. 또 혼자서 튼튼한 집을 지을 수도 없을 테고, 게임기나 라면을 만들 수도 없을 거야.

안전한 집, 예쁜 옷, 맛있는 음식 등 우리가 지금 누리고 있는 모든 것은 다른 사람들의 도움 없이는 가질 수 없는 것들이지.

사람은 태어난 그 순간부터 다른 사람의 도움 없이는 살아갈 수 없는 존재야. 따뜻하게 보살펴 줄 부모님이 필요하고, 아플 때는 의사가 필요하지. 또 함께 놀 친구나 가르침을 줄 선생님도 필요해.

이렇게 우리는 언제나 사람들 속에서 살며, 다른 사람들과 관계를 맺으며 살아간단다.

사람이 모인 곳에는 정치가 있다!

그런데 사람들이 모인 곳에는 항상 문제나 다툼이 생기기 마련이란다. 이야기 속에는 농사를 짓는 아주 작은 마을이 나오지. 그 마을에 사는 돌이와 웅이는 사이가 좋은 친구였기 때문에 평생 싸우지 않고 잘 지낼 것처럼 보였어. 하지만 절구와 방망이를 서로 갖겠다고 다투는 일이 생기고 말았지. 게다가 마을 사람들 사이에서도 누가 절구와 방망이를 가져야 하냐는 문제를 놓고 서로 다른 의견을 내놓는 바람에 문제가 커지게 되었어.

　사람은 저마다 얼굴 생김과 성격이 다른 것처럼 생각도 달라. 이렇게 생각이 다른 사람들이 자기의 의견만 내세우다 보면, 문제는 해결되지 않고, 갈등이 깊어지게 된단다. 이런 갈등을 해결하지 못하면 사람들이 모여 사는 사회는 혼란스러워지게 될 거야.

　이야기 속에서는 다행히 지혜로운 할아버지가, 마을 사람 모두가 절구와 방망이를 함께 쓰자는 의견을 냈지. 그래서 돌이와 웅이는 화해하게 되었고, 마을도 다시 평화로워졌어.

　자, 여기서 우리는 바로 '정치'를 볼 수 있단다. 돌이와 웅이가 다툰 것, 마을 사람들끼리 서로 다른 의견을 말한 것, 노인이 나서서 문제를 해결한 것, 이 모든 것이 '정치'야.

　사람은 누구나 살아가면서 정치를 하게 된단다. 정치란 사람들의 서로 다른 생각을 모아서, 문제를 잘 해결해 나가는 것이니까 말이야. 그래서 놀이를 할 때 규칙을 정하는 것, 학교에서 학급회의를 하는 것, 동네에서 반상회를 하는 것 모두 정치라고 볼 수 있어. 이것을 '넓은 의미의 정치'라고 하지.

　그럼, 좁은 의미의 정치도 있을까? 물론이지. 국회의원이나 대통령이 하는 일, 정당이나 공무원들이 하는 일처럼 국가를 다스리는 활동과 관련된 것을 '좁은 의미의 정치'라고 불러.

정치와 나는 어떤 관계일까?

"내가 그동안 정치를 하고 있었다고요? 나는 정치와 관계없이 살 수 있어요. 친구와 싸우지도 않고요, 학급회의에도 참여 안 해요."

과연 그럴까? 우리는 '정치'와 관계없이 살아갈 수 있을까? 정치와는 상관없을 것 같은 초등학생도, 정치에 관심이 없어서 선거 때면 나들이를 간다는 어른들도 사실은 모두가 정치에 영향을 주고, 영향을 받고 있단다.

예를 들어 학급회의 시간에 '청소 당번'을 정하기로 했다고 하자. 별다른 의견도 없고, 관심도 없어서 회의 시간에 아무런 말을 안 하고 있었지. 나는 학급회의에 참여하지 않은 것 같지만 결국 학급회의 때 정해진

규칙, '지각한 사람이 오후에 청소를 한다'에 따를 수밖에 없어. 나 역시 다른 학생들과 같은 학교, 같은 교실에서 공부하는 학생이니까 말이야.

아파트 반상회도 마찬가지야. 반상회에 참석하지 않은 집도 결국은 반상회에서 정한 규칙을 따라야 해. 쓰레기를 어느 요일에 버려야 할지, 관리비를 어떻게 사용할지에 대해서 말이야.

더 나아가서 정치인들이 하는 정치는 대한민국에 사는 모든 국민의 생활과 관계가 있어. 2008년에 치러진 '일제고사'를 떠올려 보렴. 일제고사는 전국에 있는 학생들이 똑같은 시간에, 똑같은 문제로 시험을 보는 교육 정책이야. 이 교육 정책이 만들어졌기 때문에 전국의 초등학생, 중학생, 고등학생은 일제고사를 보게 되었어. 그런데 일제고사에 반대하는 교사나 학생, 학부모도 있어서 사회에 큰 갈등이 생겨났지. 일제고사를 거부하고 체험학습을 갔던 교사들이 징계를 받았고, 찬성하는 사람과 반대하는 사람으로 나뉘어 토론을 벌이기도 했어.

이렇게 정치는 내가 관심 없다고 해서, 아무런 상관없이 살아갈 수 있는 것이 아니란다. 정치는 늘 우리 삶을 이렇게 저렇게 움직이고 있어.

앞으로 이 책에서 살펴볼 정치는 '좁은 의미의 정치'와 많은 관련이 있어. 국가를 다스리는 정치제도나 정치가를 뽑는 방법, 정치가를 바르게 뽑지 못했을 때 우리 삶에 어떤 일이 생기는지를 알아보게 될 거야.

그런데 이런저런 정치의 모습을 보는 동안 잊지 말아야 할 것이 있어. 정치는 우리 삶을 더 편하게, 행복하게 만들어 주어야 한다는 거야. 이게 바로 사람들이 정치를 하는 이유니까 말이야.

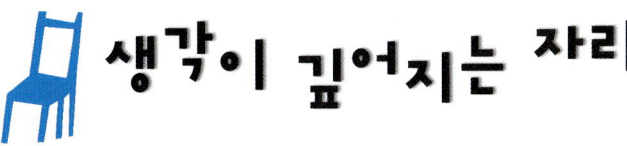

우리는 살아가면서 수없이 많은 사람들과 만납니다. 사람들은 저마다 다른 생각을 가지고 있어서, 때로는 다툼도 일어나지요. 이야기 속 돌이와 웅이, 마을 사람들처럼요.

- 돌이와 웅이의 이야기처럼 친구와 다툰 적이 있나요? 그때의 경험을 떠올려 보세요.

- 다툼을 어떻게 해결했나요? 누가 해결해 주었나요?

- 정치는 여러 사람의 의견을 종합해서, 문제를 해결하는 것입니다. 우리 생활 속에서도 정치를 찾을 수 있지요. 그런 경우를 찾아서 이야기해 보세요.

● 다음 두 기사를 읽고 생각해 보세요.

〈기사 1〉

신호등 없는 횡단보도, 어떻게 하면 좋을까?

지난 4월 넷째 주에 청어람 초등학교의 전 학년 회의가 열렸다. 각 학년의 대표 12명이 모였고, 6학년 회장 김봉봉 양의 사회로 회의가 시작되었다. 이날 가장 중요한 안건은 '학교 앞 신호등 설치'에 대한 것이었다. 이 안건이 발표되자 각 학년의 대표들은 서로 먼저 말하겠다고 손을 들었다. 평소 학교 앞 횡단보도에 신호등이 없어서 많은 어린이들이 불편을 겪어 왔다. 특히 1, 2학년 학생들 중에는 큰 사고를 당한 학생도 있었다. 대표들은 사고를 막기 위한 여러 의견을 내놓았다. 경찰에게 안전 지도를 부탁하자, 6학년 학생들이 1, 2학년 학생과 함께 횡단보도를 건너자, 구청에 신호등을 만들어 달라고 건의하자 등과 같은 의견이 나왔다. 그 중 총 7표를 받은 '신호등 만들기' 의견이 채택되었다. 따라서 10월 첫째 주에 6학년 회장과 부회장은 구청을 방문해서 청어람 초등학교 어린이들의 건의사항을 전달하기로 했다.

-〈청어람 신문〉이어람 기자

〈기사 2〉

학교 주변에서 게임기가 사라진다

교육인적자원부는 초·중·고등학교의 학교환경위생정화 구역 안에서 게임물 시설을 설치할 수 없다는 내용의 '학교보건법 일부 개정법률'을 공포했다. '학교보건법 일부 개정법률'은 내년 8월 3일부터 시행될 예정이다. 이에 따라, 학교 주변 200미터 이내 구역에서는 가위바위보, 룰렛, 인형 뽑기 등의 사행성 게임기가 사라질 것으로 기대된다.

그동안은 '게임산업진흥법'에 따라, 학교 앞 문방구나 슈퍼마켓 등에 게임기를 2대씩 설치할 수 있어서 교육 환경에 나쁜 영향을 준다는 지적을 받아왔었다.

— 〈청어람신문〉 이어람 기자

- 〈기사 1〉과 〈기사 2〉의 공통점과 차이점은 무엇인지 생각해 보세요.

- 공통점 :

- 차이점:

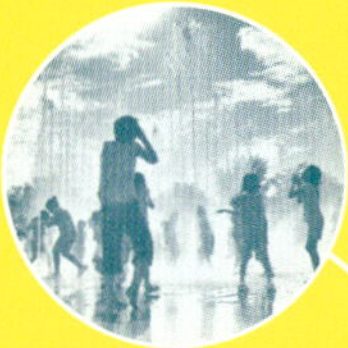

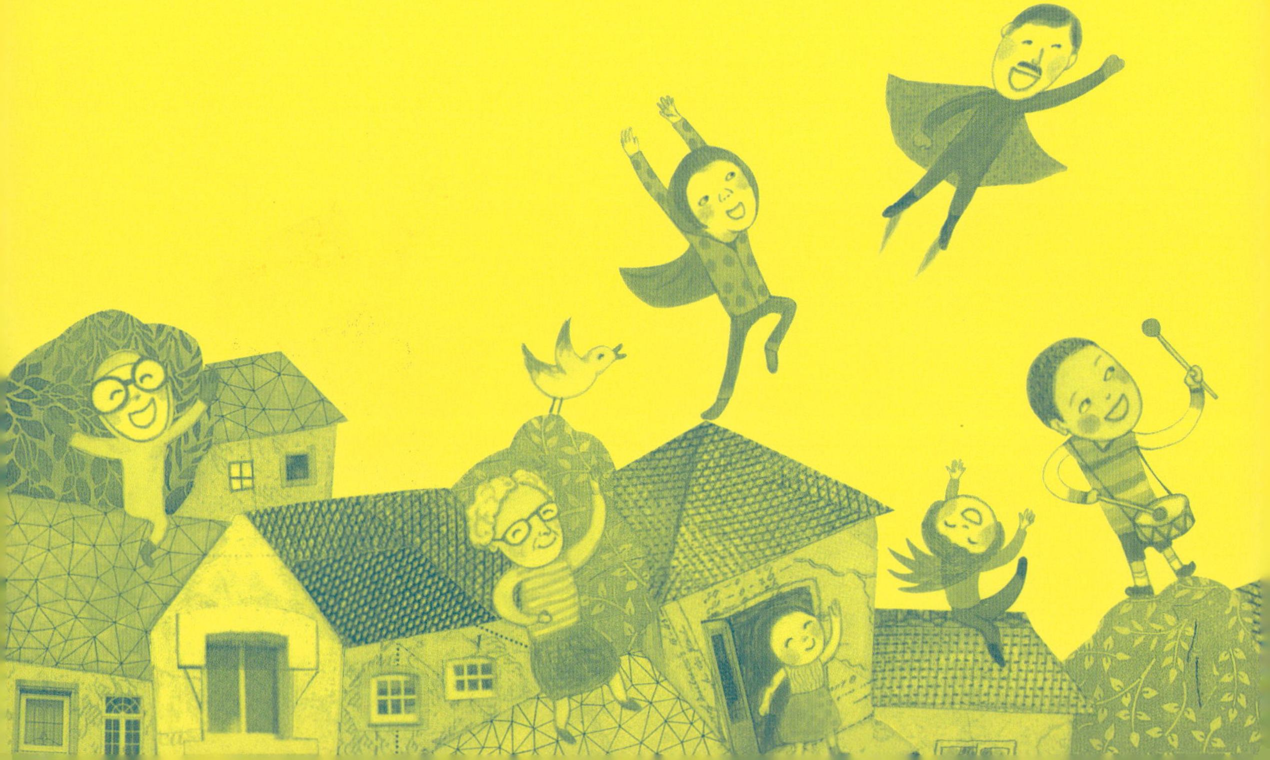

국가란 무엇일까?

대한민국 선수가 금메달을 따고
태극기가 높이 올라가면 우리는 환호한다.
왜? 대한민국 국민이니까.

조센징, 돌아가!

내 이름은 가네야마 아오키입니다. 사는 곳은 일본의 오사카이고요. 올해 여든 살이 되었습니다. 머리는 하얗게 세었고, 이는 다 빠진 쭈그렁 할머니입니다.

사실 나는 이름이 두 개입니다. '가네야마 아오키'는 내가 지은 이름이고, 다른 하나는 부모님이 지어 주신 이름이지요. 그 이름이 뭐냐면, 쉿! 비밀로 해 주겠습니까? 혹시라도 동네 사람들이 알게 되면 곤란한 일이 생기니까요.

김동남. 이게 내 부모님이 지어 주신 이름입니다.

그래요. 내 진짜 고향은 조선입니다. 1910년, 충청남도 어느 작은 시골 마을에서 태어났지요. 내가 태어난 해는 일본이 조선을 강제로 점령

한 해였습니다. 나는 그곳에서 아버지, 어머니 그리고 두 남동생과 함께 열여섯 살이 될 때까지 살았습니다. 아버지는 작은 땅에 농사를 지었지만 우리 다섯 식구가 먹고살기에는 부족한 게 없었습니다.

나는 봄이면 작은 바구니를 들고 산으로 달려가, 가장 먼저 핀 진달래꽃을 꺾어 담았습니다. 그걸 가지고 가면 어머니는 보기만 해도 침이 꼴깍 넘어가는 고소한 화전을 부쳐 주었지요. 그러면 두 동생들과 서로 많이 먹겠다며 젓가락 싸움을 벌이곤 했습니다.

그렇게 행복한 날들이 계속되었다면 얼마나 좋았을까요? 어느 날 우리 마을에 네다섯 명의 일본인들이 측량기구란 것을 들고 왔습니다. 그들은 마을의 산과 논밭을 재기 시작했어요. 그리고 마을 사람들에게 자기가 가진 땅을 모두 신고하라고 했지요.

마을에선 일본인들이 땅에다 높은 세금을 매길 거라는 소문이 돌았습니다. 세금 내고 나면, 입에 풀칠하기도 힘들 거라고 했지요. 아버지도 그 소문을 듣고, 땅이 있다고 신고하지 않았습니다.

결국 일본인들은 신고하지 않은 땅은 주인이 없는 거라며 아버지 땅을 빼앗아 갔습니다. 우리 식구는 하루아침에 땅을 잃고, 먹고살 길이 막막해졌습니다. 땅을 신고했던 사람들도 처지가 어렵긴 마찬가지였습니다. 세금을 내느라 빚을 지고, 빚을 못 갚으면 땅을 내놓아야 했으니까요.

아버지와 어머니는 이 집, 저 집으로 품을 팔러 다녔습니다. 아침부터 밤까지 남의 논밭을 갈고, 물을 길어 주고, 장작을 패 주었습니다. 그래도 다섯 식구가 하루 세끼 먹는 게 힘들었습니다. 나도 예전처럼 산으로, 들로 놀러 다닐 수는 없었지요. 어머니를 따라 마른 나뭇가지를 줍고, 풀죽을 끓여 먹기 위해 나물을 캤습니다.

그 즈음 마을에는 일본으로 일하러 가는 사람들이 하나 둘 생겼습니다. 농사를 지을 수 없어서 굶주린 사람들은 차라리 조선을 떠나는 게 낫다고 했지요. 게다가 일본에 가면 큰 공장이 많아서 일자리가 많다고 했습니다. 돈도 훨씬 많이 주고요.

나는 귀가 솔깃해졌습니다.

'몇 년 동안 열심히 일해서 돈을 모으면 잃어버린 땅을 되찾을 수 있겠지? 게다가 내 입 하나 줄어들면 두 동생들이 조금이라도 더 먹을 수 있을 테고.'

나는 작은 보따리에 옷 한 벌과 고구마 몇 개를 쪄서 넣고 몰래 집을 나왔습니다. 그리고 일본에서 일자리를 구해 준다는 사람을 따라 배를 타고 바다를 건넜습니다. 다시는 고향에 돌아갈 수 없을 거란 걸 그땐 몰랐지요.

1926년, 일본에 도착했을 때 내 나이는 열여섯이었습니다. 방직공장에 취업했는데, 별다른 기술이 없어 하루 종일 허드렛일을 했습니다. 바닥에 떨어진 쓰레기를 쓸고, 일본인 감독의 심부름을 했지요. 처음엔 말을 제대로 알아듣지 못해 실수를 많이 했습니다. 그럴 때마다 일본인 감독의 매서운 손이 뺨과 머리로 날아들었습니다.

며칠 지나지 않아, '일본에 오면 밥을 먹을 수 있다', '돈을 모을 수 있다'라는 말이 모두 거짓인 걸 알았어요. 공장에는 나와 같은 조선인들이 많았습니다. 그들도 모두 나처럼 굶주림을 피하려고 고향을 떠나온 사람들이었지요.

　우리는 일본 사람들이 받는 임금의 절반 정도밖에 받을 수 없었습니다. 그나마도 일자리를 소개해 준 사람이나, 감독이 떼어 가서 내 손에 쥘 수 있는 돈은 정말 적었습니다. 그 돈으로는 밥을 사 먹을 수도, 집을 얻을 수도 없었어요. 그래서 많은 조선인들이 맨땅에 천막을 치고 살거나, 싸구려 하숙방에 열 명씩 들어가 잠을 잤지요. 낯선 사람들 사이에 끼어 새우잠을 자면서 얼마나 많이 울었는지 모릅니다. 부모님과 동생들이 보고 싶고, 고향집이 그리웠습니다.

　그래도 힘든 일이나 배고픔, 고향에 대한 그리움은 어느 정도 견딜 수 있었습니다. 일본 생활 중 가장 힘들었던 건 바로 차별과 박해였습니다. 일본인들은 조선인을 같은 인간으로 생각하지 않았습니다. 공장에서 일하던 노동자들 중엔 억울하게 죽는 경우가 많았습니다.

　3년이란 시간이 흘러, 나는 조선 남자와 결혼을 하고, 아이들도 낳았습니다. 남편은 도로 건설을 위해 일본에 강제로 끌려온 사람이었습니다. 일본에는 그렇게 철도나 도로, 비행장 건설 때문에 강제로 끌려온 조선 사람이 많았어요.

　1945년, 마침내 조선은 일본에서 해방되었습니다. 우리는 해방이 되었으니 조선으로 돌아갈 수 있을 거라고 생각했습니다. 하지만 우리는 고향으로 돌아가지 못했습니다. 일본은 그동안 죽도록 일을 시킨 노동

자들에게 어떤 보상도 해 주지 않았지요. 그동안 일한 대가는커녕 돌아갈 여비도, 배편도 마련해 주지 않았습니다.

그러는 동안 조선에서는 전쟁이 일어났습니다. 남과 북으로 나뉘어 몇 년 동안 전쟁을 하는 동안 나라는 점점 황폐해졌지요. 조선에서도 먹고살기 힘들다는 소식이 들려왔습니다. 고향의 가족들과도 연락이 끊겼고요. 어쩌면 전쟁 중에 목숨을 잃었는지도 모르지요.

우리는 어떻게 해서든 일본에서 살아남기 위해 애썼습니다. 일본인들은 조선 사람들에게는 제대로 된 일자리를 주지 않았습니다. 그래서 버려진 천이나 고물을 주워다 팔기도 하고, 수레를 끌기도 했습니다.

아이들은 일본인 학교에 다니지 못했고, 늘 동네 아이들에게 놀림을 당하거나 매를 맞기 일쑤였습니다.

"조센징, 너희 나라로 돌아가!"

하지만 우리에겐 돌아갈 곳이 없었습니다. 우리는 조선 사람도 아니고, 일본 사람도 아닌 채로 살아야만 했습니다.

이제는 조선말도 가물가물합니다. 아버지, 어머니 얼굴도 잘 떠오르지 않아요. 그래도 그 옛날, 봄이면 마을 뒷산 가득히 피었던 진달래 향기는 손에 잡힐 듯 가깝게 느껴집니다.

"동남아, 화전 먹어라."

어머니 목소리도 함께요.

● 우리나라는 1910년부터 1945년까지 일본의 지배를 받았어. 36년 동안 나라를 빼앗겼던 거지. 그 기간 동안 농사지을 땅을 빼앗기고, 살기 힘들어진 많은 사람들이 먹고살기 위해 만주나 일본으로 떠났단다. 일본에 의해 강제로 끌려간 사람들도 많았지. 그들의 이야기를 통해 '국가'란 무엇인지, '국가'는 어떤 일을 해야 하는지 생각해 볼 수 있단다.

국가는 왜 생겨났을까?

사람은 혼자서는 살 수 없다고 했지? 그래서 사람들은 사회를 만들어 살아가고 있어. 처음에는 가족이라는 작은 사회에서 시작해서, 곧 유치원이나 학교, 또 직장 같은 더 큰 사회 속에서 많은 사람들과 함께 살아가게 된단다.

그런데 사람들이 모여 살다 보면 문제와 갈등이 생기기 마련이야. 예를 들어 누구나 갖고 싶어 하는 멋진 보석이 하나 있다고 상상해 보렴. 사람들은 이 보석을 차지하기 위해 싸우기 시작해. 어떤 사람은 보석을 훔치고, 어떤 사람은 보석을 훔친 사람을 힘으로 누르고 그 보석을 다시 빼앗지. 이런 일이 반복되면서 보석을 가진 사람은 다시 뺏길까 두려워하게 되고, 보석이 없는 사람은 어떻게 하면 보석을 빼앗을까 궁리하는 거야. 이런 사회에서는 그 누구도 마음 편하게 살 수 없겠지?

만약 '보석을 가지고 싶은 사람은 보석에 해당하는 돈을 내야 한다',

'남의 보석을 훔친 사람은 감옥에 가야 한다', '다른 사람을 때린 사람은 벌을 받는다'와 같은 법과 규칙이 있다면 어떨까? 누가 내 물건을 훔쳐 갈까 봐 걱정할 필요도 없고, 누군가에게 맞아서 억울할 일도 없을 거야.

그래서 사람들은 안전하고 평화롭게 살기 위해서는 사회 구성원 모두가 따를 수 있는 법과 규칙이 필요하다는 것을 인정하고, 그것을 시행해 줄 '국가'라는 것을 만들었단다. 국가가 있음으로 해서 개인의 자유와 권리를 더 잘 지킬 수 있다고 생각한 거지.

뿐만 아니라 사람들은, 모여 살다 보면 혼자서는 할 수 없는 일들이 있다는 것도 알게 되었어. 큰 건물을 짓는 일, 적이 쳐들어왔을 때 물리치는 일, 홍수가 났을 때 댐을 만드는 일 등은 사회 구성원 모두가 힘을 합쳐야 할 수 있는 일이었지. 그래서 그런 일들을 계획하고, 그에 필요한 돈이나 인력을 모으는 일을 국가가 해 주길 바라게 된 거야.

**국가가 되려면
영토와 국민과 주권이 있어야 해요.**

*주권이란 자기 나라 일은 자기 나라 사람들이 결정하는 권리를 말해요.

국가는 어떤 일을 하나?

국가는 해야 할 일이 참 많아. 우선, 국민들이 안전하게 살 수 있도록 지켜 주어야 해. 다른 나라가 쳐들어와서 자기 나라 국민들을 괴롭히고, 재산과 생명을 빼앗는 것을 막아 주어야 하지. 일본이 우리나라를 빼앗았을 때 우리나라는 힘이 없어서 국민들을 지켜 주지 못했어. 그래서 일본 사람들이 마음대로 땅을 빼앗아도, 우리 국민들을 끌고 가서 일을 시켜도 그냥 당할 수밖에 없었어.

그리고 국가는 큰 사업을 맡아서 일해. 도로나 철도를 만드는 일, 댐을 만드는 일은 몇몇 사람이 힘을 모아서는 할 수 없는 일이야. 국가는 국민들이 낸 세금으로 이렇게 큰 사업을 해서 모든 국민이 이용할 수 있도록 하는 거야.

그 밖에도 국민들의 생활을 꼼꼼히 보살펴 주어야 해. 일자리가 없는 사람들에겐 일자리를 마련해 주고, 가난한 사람들껜 살아갈 수 있도록 지원을 해 주어야 하지. 장애인, 홀로 사는 노인처럼 힘이 없는 사람들이 소외되지 않고 더불어 잘 살 수 있도록 신경 쓰는 일도 중요해.

국민의 의무
- 국방의 의무 : 나라가 위험에 처했을 때 나라를 위해 힘써야 해요.
- 납세의 의무 : 대한민국 국민은 누구나 세금을 낼 의무가 있어요.

- 교육의 의무 : 초등학교 6년, 중학교 3년을 의무교육으로 정하고 있어요.
- 근로의 의무 : 나라의 발전을 위해 자신의 능력을 발휘해 일을 해야 하지요.
- 환경보전의 의무 : 깨끗한 환경에서 살려면 무엇보다 환경을 잘 보전해야 해요.

국가는 권력을 가지고 있다

국가는 국민들이 편안히 잘 살 수 있도록 많은 일을 하고 있어. 국가가 이런 일을 할 수 있는 건 힘을 가지고 있기 때문이야. 국가는 국민으로부터 세금을 거둘 수도 있고, 경찰 제도를 이용해 나라의 질서를 잡는 일을 해. 또 국가가 정한 법을 따르지 않으면 처벌을 내릴 수도 있지.

국가가 가진 이런 힘을 공권력이라고 부른단다. 국가만이 국민들에게 강제로 무언가를 시키거나, 금지할 수 있는 힘을 가지고 있어. 그리고 그 힘은 바로 국민들이 국가에게 준 것이지.

그런데 만약 국가가 이렇게 말을 한다면 어떨까?

"국민들은 모두 내 뜻에 따라야 돼. 내가 국민들의 생명과 재산을 지켜 주니까. 내 말을 잘 들어야 사회가 안정되고 편안하게 살 수 있어!"

정말일까? 국민들은 국가가 하는 일에 무조건 찬성하고, 따라야 하는 것일까? 때로는 국가가 하는 일 때문에 내가 피해를 입을 때도 있고, 어떤 경우엔 국가가 하는 일이 옳지 않다고 생각될 때도 있는데 말이야.

2005년에 광주 공항 근처에 살던 주민들은 국가를 상대로 소송을 냈어. 비행기 소음 때문에 잠을 제대로 못 자고, 학생들은 공부에 집중할 수 없었거든. 법원에서는 국가가 주민들에게 피해 보상을 하라고 판결을 내렸어. 비행기를 운행하는 것도 중요하지만, 주민들의 건강이 더 중요하다고 생각했기 때문이야.

이처럼 국가는 어떤 일을 할 때는 국민의 생활이 불편하지 않게 신경

을 써야 해. 아무리 적은 수라도 피해를 입는 국민이 없는지 잘 살피면서 말이야. 국가가 가진 힘은 바로 국민을 위해 쓰라고 있는 것이거든.

그리고 국민도 모든 것을 국가에 맡겨 놓지 말고, 늘 국가가 하는 일에 관심을 가져야 하지. 국가가 나와 이웃의 권리를 해치지는 않는지, 국가가 일을 제대로 하고 있는지 살펴야 해. 그래야 국민들은 안심하고 행복하게 살 수 있고, 국가도 마음대로 권력을 휘두를 수 없게 된단다.

국민의 권리

- 자유권 : 자신의 뜻대로 살아갈 권리가 있어요. 종교의 자유, 신체의 자유, 직업 선택의 자유 등이 있지요.
- 평등권 : 법 앞에 모든 사람이 평등하고, 성별이나 재산, 직업 때문에 차별받지 않을 권리예요.
- 사회권 : 인간다운 생활을 위해 일할 권리, 교육을 받을 권리, 좋은 환경에서 살 권리가 있어요.
- 청구권 : 국민에게 필요한 법을 만들어 달라고 요구할 수 있어요. 또 국가로부터 피해를 당했을 때 국가를 상대로 소송을 할 수 있어요.
- 참정권 : 누구나 정치에 참여할 수 있는 권리예요. 선거를 할 수 있고, 선거 후보로 나설 수도 있지요.

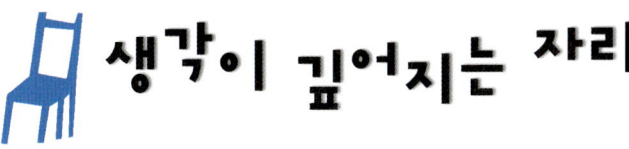 생각이 깊어지는 자리

사람은 태어나면 자연스럽게 한 국가에 속하게 됩니다. 우리는 '대한민국'이라는 나라에 속하게 되고, 대한민국이 정한 법과 질서를 따르며 살아가지요. 그런데 만약 '대한민국'이 사라지면 어떻게 될까요?

- 김동남 할머니가 열여섯 살에 일본으로 가게 된 이유는 무엇인가요?

- 김동남 할머니에게 국가가 어떤 일을 해 주었어야 할지 이야기해 보세요.

• 국가가 하는 일 중 가장 중요한 일이 무엇이라고 생각하나요?

경찰은 시민을 때려도 될까?

전라도에 사는 남 씨는 술집에서 술을 마시다 주인과 시비가 붙었습니다. 남 씨는 신고를 받고 출동한 경찰의 안경을 부수는 등 난동을 피웠습니다. 경찰은 남 씨를 공무집행방해죄로 연행했습니다.

그런데 경찰서에 붙잡혀 간 남 씨는 경찰관들에게 둘러싸여 경찰봉과 발, 주먹으로 구타를 당했습니다. 이 사건으로 남 씨는 늑골이 부러지고, 병원 치료를 받아야 했습니다. 그 뒤에도 남 씨는 다니던 직장을 그만두고, 계속해서 치료를 받았습니다.

남 씨를 폭행한 경찰은 폭행 사실을 숨기기 위해 남 씨에게 돈을 주었고, 이 사실을 밝힐 경우 다시 남 씨를 구속하겠다고 위협까지 했다고 합니다.

—〈청어람 신문〉 이어람 기자

- 경찰들이 남 씨를 때린 것이 정당하지 않다면 그 이유는 무엇인가요? 경찰은 어떻게 행동해야 했을까요?

- 위 기사에서 경찰이 잘한 일과 잘못한 일은 무엇인지 생각해 보세요.

- 경찰은 어떤 일을 하는 사람이라고 생각하나요? 여러분이 생각하는 경찰의 모습을 이야기해 보세요.

권력이란 무엇일까?

"가위, 바위, 보!"
"네가 술래야!"
울던 친구도, 화가 난 친구도 다 만족한다.
가위바위보는 힘이 세다.

나만 억울해!

수진이네 반 첫 HR시간입니다. 반장 혜정이와 부반장 찬우가 교단 앞에서 회의를 진행하고 있습니다. 오늘의 주제는 교실 환경미화입니다. 수진이네 학교에서는 매 학기마다 환경미화를 잘한 반을 뽑아서 상을 주고 있습니다.

"물론 상도 중요하지만 한 학기 동안 우리가 공부할 교실을 깨끗하고 예쁘게 꾸미는 것은 중요한 일입니다. 환경미화에는 우리 반 모두가 참여해야 합니다. 그러니 오늘 회의에서는 환경미화를 위해, 어떤 일을 하고 누가 어떤 일을 담당할 것인지 정하겠습니다. 먼저 어떤 일을 해야 할지 발표해 주십시오."

혜정이의 말에 지민이가 손을 들고 말했습니다.

"교실 앞뒤에 있는 게시판을 꾸며야 합니다. 게시판은 우리 반의 얼굴과 같으니까요."

"겨울 방학 동안 지저분해진 유리창을 닦고 커튼도 깨끗하게 빨아야 합니다."

"가장 기본은 청소를 깨끗하게 하는 것입니다. 그리고 청소도구함과 쓰레기통도 정리를 잘 해야 합니다. 재활용할 것은 따로 모으고요."

"학급문고도 중요합니다. 각자 책 한 권씩 기증하면 어떨까요? 대출 기록장도 만들어 관리하고요."

여러 의견이 나왔습니다. 그럴 때마다 찬우가 칠판에 발표 내용을 적었습니다.

―환경미화를 위해 해야 할 일―
1. 교실 앞뒤에 있는 게시판을 꾸민다. (8명)
2. 청결이 기본! 교실 청소를 하자. (12명)
3. 유리창과 커튼을 깨끗하게 한다. (4명)
4. 학급문고에 책을 늘리고 관리도 한다. (2명)
5. 청소도구함과 쓰레기통을 관리한다. (2명)

"이번엔 칠판에 적힌 다섯 가지 일을 누가 담당할지 정하겠습니다. 각각의 일에 필요한 사람 수를 적었으니 참고하셔서 손을 들어 주세요."

혜정이의 말에 수진이는 가슴이 콩닥콩닥 뛰었어요. 수진이는 학급문고와 게시판 꾸미기 중에 하나를 하고 싶었습니다.

혜정이가 "유리창 청소와 커튼을 맡을 사람은 손을 들어 주세요"라고 말하기가 무섭게 민국이가 손을 번쩍 들었습니다.

"제가 하겠습니다."

"치, 네가 하는 게 아니라 너희 아버지가 하시는 거 아냐? 세탁~소 하시잖아."

짝꿍인 지훈이의 말에 민국이가 씨익 웃습니다. 반 친구들도 따라 웃습니다.

"저희도 김민국 학우와 함께 커튼과 유리창 담당에 지원하겠습니다. 김민국 학우 혼자 커튼을 들고 가기 힘들고 유리창도 여덟 개나 되니까요."

지훈이와 은혜, 성진이가 손을 들었습니다. 찬우가 칠판에 네 명의 이름을 적었습니다.

"그럼, 이번엔 학급문고를 담당할 사람을 뽑겠습니다. 이번에 뽑힌 사람이 한 학기 동안 학급문고를 계속 맡는 게 좋겠습니다."

"저희가 하겠습니다."

종학이와 지후, 그리고 수진이가 손을 들었습니다.

"학급문고 담당은 두 명인데 세 명이 지원했네요. 어떻게 할까요?"

"제가 포기하겠습니다."

혜정이가 난처해하자, 수진이가 손을 내렸습니다. 종학이와 지후는

짝꿍이라 아무래도 자기가 빠지는 게 낫다고 생각했습니다.

'그래, 난 게시판 꾸미기를 하면 되니까.'

그렇게 해서 학급문고 관리는 종학이와 지후로 결정되었습니다.

"이번엔 청소도구함과 쓰레기통 담당할 분은 손을 들어 주세요."

"저요, 저요. 저희가 하겠습니다."

병철이와 훈석이가 손을 번쩍 들었습니다.

"대신 다른 사람이 환경미화를 할 동안 놀아도 되지요?"

"오케이~! 실컷 놀다 집에 가기 전에 청소도구함이랑 쓰레기통만 정리하는 게 최고지."

둘이 키득거리며 좋아합니다. 다행히 두 사람 외엔 지원하는 사람이 없습니다. 이제 반 청소와 게시판 꾸미기만 남았습니다.

수진이도 이번엔 다른 사람에게 양보하지 않고, 꼭 게시판 꾸미기에 지원할 결심을 했습니다.

"게시판 꾸미기에 지원하실 분은……."

혜정이의 말이 채 끝나기도 전에 아직 담당을 정하지 않은 반 친구 대부분이 손을 들었습니다.

"여덟 명을 뽑아야 하는데, 스무 명이나 지원을 했습니다. 이 중에 여덟 명을 어떤 기준으로 선택해야 할까요?"

반 여기저기에서 속닥거렸습니다. 자리 순서대로 정하자, 이름 순서로 정하자 등의 의견이 나왔지만 반대하는 사람이 많아서 결정되지는 않았습니다.

권력이란 무엇일까? | 63

"게시판을 꾸미는 것은 미술 솜씨가 좋아야 합니다. 그러니 미술 학원에 다니는 사람을 먼저 뽑는 게 어떨까요?"

어머니가 미술 학원을 운영하는 보라가 말했습니다.

"그래, 그럼 되겠네."

반친구들도 보라 의견에는 찬성했습니다.

미술 학원에 다니는 사람은 보라를 포함해 모두 일곱 명이었습니다.

"게시판 꾸미기에 한 분만 더 뽑겠습니다."

'치사하다'며 포기하는 친구도 있었지만, 수진이는 꼭 게시판 꾸미기 팀에 끼고 싶었습니다.

"제가 하고 싶습니다."

"제가 하고 싶습니다."

수진이와 미나가 동시에 손을 들었습니다. 두 사람 모두 양보할 생각이 없었습니다. 결정을 할 수 없게 되자, 혜정이가 말했습니다.

"회의시간이 다 되었으니 제가 대표로 담당을 정하겠습니다. 김수진 학우와 송미나 학우 중에 송미나 학우는 작년에 사생대회에서 상을 받았습니다. 그러니 송미나 학우가 게시판 꾸미기를 하는 게 옳다고 생각합니다."

반 친구들도 혜정이의 말에 고개를 끄덕였습니다. 그리고 모두 수진이만 쳐다봅니다. 마치, 얼른 너도 동의를 하라고 재촉하듯이요.

'너무해. 왜 내 일을 반장 마음대로 정해? 그리고 작년 사생대회에는 독감 때문에 참가를 못 해서 상을 못 받았지만 나도 매년 상을 받았었

다고…….'

　수진이는 억울하고 화가 났습니다. 학급문고 담당도 양보했는데, 이번엔 억지로 하기 싫은 청소 담당을 해야 할까요?

● 반 전체를 위해 환경미화를 하는 건데, 수진이가 화가 났네. 수진이가 화난 이유는 뭘까? 수진이를 위해 미나가 반 청소를 맡아야 했을까? 그런데 환경미화뿐만 아니라, 친구들끼리 놀 때나 어떤 일을 결정할 때, 하기 싫은 일을 할 사람을 정해야 할 때가 있지 않니?

네가 술래야

야구를 할 때는 누가 투수를 맡을 것인지, 얼음땡 놀이를 할 때는 누가 술래를 할지 정해야 하지. 투수라면 모르겠지만 아마 술래를 하고 싶은 친구는 없을 거야. 그렇지만 술래가 꼭 필요한 놀이가 있잖니. 술래잡기, 무궁화꽃이 피었습니다, 다방구, 얼음땡 등등. 술래를 하고 싶은 사람은 없지만 누군가는 꼭 술래가 되어야 하지. 그럴 때는 어떻게 술래를 정하니? 번갈아 술래를 할 수도 있고 가위바위보를 해서 술래를 정하기도 하지. 술래에게 잡힌 사람이 그 다음 술래를 하고 말이야. 이렇게 술래를 정하면 다들 불만이 없어. 심지어 술래가 된 친구조차 속상할 수는 있지만 억울하지는 않을 거야. 왜일까?

모두가 함께 정하고 동의한 규칙은 힘이 세다

그 이유는 가위바위보를 하는 사람들이 이미 '가위바위보'를 해서 술래를 정하는 것을 알고 있고 또 그것에 동의(찬성)하기 때문이야. 가위바위보가 어디서 시작되었는지는 모르더라도 가위바위보를 통해 술래를 정한다는 것은 다들 알고 있고, 그래서 가위바위보를 한 거니까 술래가 되더라도 억울하지 않은 거지. 만약 누군가가 "네가 술래해"라고 일방적으로 정하거나 명령을 한다면 그때는 억울한 마음이 들겠지. 그건 모두가 지키겠다고 동의한 것이 아니니까 말이야.

놀이뿐 아니라 여러 사람이 모이면 결정을 해야 할 일이 계속 생긴단다. 결정에 따라 이익을 보는 사람도 있고 손해를 보거나 결정에 불만인 사람도 생길 수 있지.

그런데 말이야, 가위바위보를 해서 술래로 정해졌는데도 끝까지 술래를 안 하려고 하는 사람이 있다면 그때는 어떻게 해야 할까? 아마 억지로 술래를 시키거나 놀이에서 빠지라고 하겠지.

하기 싫은 일을 하게 만드는 힘, 권력

술래뿐 아니라, 힘세고 성격 고약한 형이 억지로 심부름을 시키거나, 재미있는 텔레비전 방송을 보는데 부모님이 공부하라며 텔레비전을 못 보게 한 적 있니? 이렇게 '하기 싫다는 일'을 강제로 시키거나, 하고 싶은 일을 못 하게 하는 힘을 '권력'이라고 해.

앞의 이야기에서 수진이가 하기 싫어하는 일을 반장인 혜정이가 정해 버린 것은 혜정이가 반장이라는 권력을 가지고 있기 때문이야. 반장이 아니라면, 다른 친구가 수진이에게 그렇게 말할 수 없었겠지. 그리고 반 친구들이 혜정이의 말에 동의한 것은, 반장이 반에서 그런 일을 결정할 권력이 있다는 것을 인정하고 있고, 또 혜정이를 그런 권력이 있는 반장으로 뽑은 것이 바로 자신들이기 때문이야. 반에서 혜정이는 그런 결정을 할 수 있는 권력을 가지고 있는 것이지.

수진이네 반뿐만 아니라 둘 이상의 사람이 모인 곳에서는 크고 작은 권력이 생긴단다. 모든 사회 집단에는 권력이 있는 거지. 가족, 학급, 학교, 심지어 친한 친구 사이에서도 마찬가지고 그 중에서 가장 큰 권력이 바로 국가의 권력이야.

국가는 국민을 위해 이런저런 일을 하지만 한편으로는 해야 할 일, 하지 말아야 할 일을 정해 놓고 강제로 시키기도 하고 강제로 막기도 해. 세금이 그 중 하나란다. 국민은 모두 세금을 내잖아. '내 돈을 왜 국가에

내? 난 절대 못 내'라며 세금을 내지 않으면 어떻게 될까? 오히려 세금에 벌금까지 내야 하거나 국가에서 강제로 재산을 빼앗아 가기도 하지. 또 만 20세 이상의 남자가 군대에 가야 하는 것도 마찬가지야. 가기 싫다고 아무리 발버둥을 쳐도, 법으로 정해진 몇몇 경우를 제외하고는 모두 군대에 가지.

그런데 국가가 국민에게 이렇게 강제하는 것은 타당한 이유가 있어야 해. 국민이 법으로 정해진 세금을 내야, 그 세금을 모아 국가가 국민들에게 필요한 여러 일을 할 수 있고, 군인이 있어야 나라를 지킬 수 있지. 그렇기 때문에, 국가가 권력을 갖는 것을 국민이 인정하고 따르는 거란다.

그럼, 이런 경우는 어떨까? 나쁜 아저씨가 흉기를 들고 '돈 내놔!'라고 위협해서 돈을 주었다면? 국가에 세금을 내는 것과 나쁜 아저씨에게 돈을 빼앗기는 것은 같은 것일까? 음, 그건 다음 장에서 함께 생각해 보기로 해.

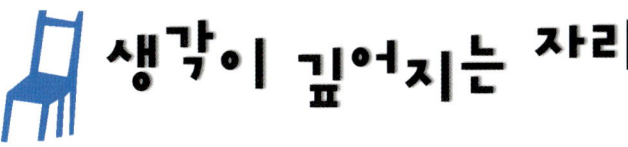
생각이 깊어지는 자리

수진이네 반에서 환경미화에 필요한 일을 정하고, 누가 그 일을 맡을지 정하는 회의를 했습니다. 그런데 회의시간이 길어지자, 반장인 혜정이가 수진이와 미나가 담당할 일을 마음대로 정했습니다. 그러자 수진이는 화가 났습니다.

- 수진이와 미나의 일을 혜정이가 결정한 것에 찬성하나요?

- 만약 혜정이와 미나가 평소에 친하기 때문에, 혜정이가 미나에게 유리한 결정을 했다면 그건 옳은 결정일까요? 아니면, 잘못된 결정일까요? 그 이유도 적어 보세요.

- 여러분이 수진이라면 게시판 꾸미기와 청소 중에 어떤 일을 할 건가요?

- 여러분도 하기 싫은 일을 억지로 한 적이 있나요? 있다면, 그 이유도 적어 보세요.

선생님이라도 내 일기를 볼 수 없어요!

초등학교 5학년 동규는, 학교에 가는 날마다 하루도 빠짐없이 화장실 청소를 도맡아 합니다. 동규가 화장실 청소를 자원한 것도 아니고, 화장실 청소를 좋아하는 것은 더더욱 아닙니다. 동규가 화장실 청소를 하는 것은 일기장 검사에 반대해서 학교에 일기장을 가져오지 않기 때문입니다.

"일기장에는 그날 있었던 일을 적기도 하고 제 마음이나 비밀을 털어놓잖아요. 그런 일기장을 다른 사람이 검사하는 것은 제 사생활을 침해하는 거예요. 그러니 선생님이라도 제 일기장을 검사할 수는 없어요."

동규의 말입니다. 문제는 동규의 담임선생님은 일기를 쓰지 않는 친구는 화장실 청소를 하는 규칙을 만들었고, 반 친구들은 동의를 했다는 것입니다. 그러니 일기장을 안 가지고 오는 동규는 매일 화장실 청소를 할 수밖에요.

"일기 쓰는 습관을 키우기 위해 일기장 검사는 필요해요. 동규는 일기를 쓰는 아이인데, 검사하는 게 싫어서 일부러 화장실 청소를 하니 안타깝지요."

담임선생님의 말입니다.

그래서 오늘도 동규는 수업이 끝난 후, 화장실 청소를 하러 갑니다.

- 동규는 매일 일기를 쓰지만 담임선생님에게 일기장 검사를 받지 않기 때문에 화장실 청소를 하고 있습니다. 여러분은 동규가 화장실 청소를 해야 한다고 생각하나요? 아니면, 하지 말아야 한다고 생각하나요?

- 그렇게 생각한 이유는 무엇인가요?

- 여러분이 동규의 담임선생님이라면 어떻게 할 건가요?

2 민주주의의 원리

누가 나라의 주인인가?
민주주의를 두려워하는 독재자
법으로 다스려요, 법치주의
나눌수록 좋은 것, 권력

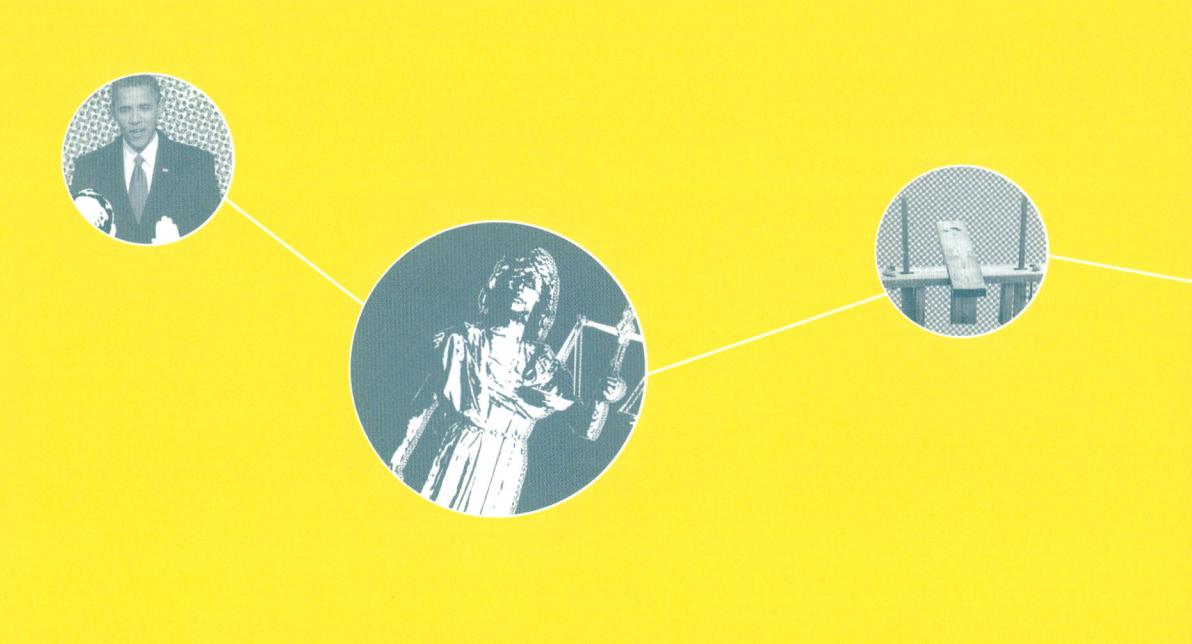

누가 나라의 주인인가?

헌법_한 나라를 다스리는 기본이 되는 최고 법
대한민국 헌법 제1조 1항_대한민국은 민주공화국이다.

1789년 7월 14일

 프랑스, 베르사유 궁전

"폐하, 이러고 계실 때가 아닙니다. 지금 왕실 재정이 너무나 어렵습니다."

"허허, 그대는 너무 걱정이 많아. 돈이 없으면 세금을 더 거둬들이면 될 것 아닌가? 돈 많은 상인들에게 세금을 더 내라고 하게."

루이 16세는 근심이 가득한 재상을 뒤로 한 채 말을 달려 사냥터로 갔습니다.

"오늘 연회에는 어떤 드레스를 입고 갈까? 보석은 어떤 게 어울릴까? 그런데 밖이 왜 이리 소란스러우냐?"

마리 앙투아네트 왕비는 드레스와 보석을 고르느라 정신이 없었습니다.

"왕비 마마, 밖에서 국민들이 빵을 달라고 아우성입니다. 모두들 굶주리고 있어요."

마리 앙투아네트 왕비는 두 눈을 동그랗게 뜨고 말했습니다.

"어머! 빵이 없으면 케이크를 먹으면 되잖아?"

 한밤중, 인쇄소

늦은 밤, 종이 가루가 펄펄 날리고 잉크 냄새가 가득한 인쇄소에서 두 명의 남자가 부지런히 기계를 돌리고 있었습니다.

"도대체 무슨 책이기에 이렇게 잘 팔리나?"

"무식하긴! 자넨 루소가 쓴 《사회계약론》도 모르나?"

"그게 뭔가? 배불리 먹는 법이라도 알려 주나?"

"쯧쯧, 잘 들어 보게. 이 책에 따르면 우리는 왕에게 이 나라를 잘 다스려 달라고 맡긴 거네. 그래서 많은 힘을 준 거지. 왕과 우리가 계약을 한 셈이지. 그런데 왕이 정치를 잘 못해. 그럼, 국민들이 어떻게 해야겠나?"

"계약이 깨진 거라고 봐야겠지? 그럼 왕을 쫓아낼 수 있다는……."

"쉿! 거기까지만."

파리 시내

옷을 잘 차려입은 세 명의 신사가 모여 이야기를 나누고 있었습니다.

"도대체 귀족들이 하는 일이 뭔가? 빈둥빈둥 놀면서 왕의 비위나 맞추는 게 다 아닌가?"

"이 나라를 움직이는 건 바로 우리 상인들이지. 우리가 없으면 누가 돈을 벌어들인단 말인가?"

"그런 우리들에게는 정치에 참여할 기회도 주지 않지. 게다가 세금만 더 내라고 닦달이니 말이야."

"이대로는 안 되겠어. 무슨 수를 내야 해!"

 농촌, 마을 광장

"이렇게는 못 살겠소! 왕은 날마다 사냥이나 다니고, 왕비는 매일같이 새 옷이며, 보석을 사느라 나라 살림이 거덜이 났소. 그 돈을 누가 다 내는 거요? 우리 같은 못사는 농민들이잖소."

"그래요. 작년엔 농사를 완전히 망쳐서 겨우내 빵 한 조각으로 네 식구가 하루를 견뎠다고요."

"더 이상 왕과 귀족들 밑에서 노예처럼 살 수는 없어요! 우리도 똑같은 사람입니다!"

"갑시다! 파리로! 가서 왕과 왕비에게 빵을 내놓으라고 하자고요."

1789년 6월 20일, 테니스코트

테니스코트에 한 무리의 사람들이 모였습니다. 이들은 프랑스 국민들이 뽑은 대표들이었습니다.

"우리는 프랑스 국민들을 대신해 이 자리에 모였습니다. 우리의 모임을 국민의회라고 부르겠습니다."

"프랑스 왕은 더 이상 우리를 차별하거나, 함부로 세금을 거둘 수 없습니다."

"우리는 프랑스를 다스리는 새로운 헌법을 만들 것입니다. 왕도 그 헌법을 따라야 하고, 우리의 의견을 들어 정치를 해야 합니다."

 1789년 7월 14일, 파리

"들었소? 왕이 군대를 모으고 있답니다. 국민의회를 무너뜨리려고요."

"우리들의 대표를 없애겠다고? 우리 손으로 대표들을 지킵시다!"

누군가 외쳤습니다.

"바스티유 감옥에 무기가 있다고 합니다. 무기를 가지고 가서 군대와 싸웁시다."

성난 파리 시민들이 바스티유 감옥으로 몰려가기 시작했습니다. 누구도 그 물결을 막을 수 없었습니다. 시민들은 감옥의 단단한 문을 부수고 들어가 드디어 감옥을 손에 넣었습니다.

"만세! 우리가 승리했다!"

- 1789년 7월 14일, 프랑스 혁명이 시작되었어. 이날의 파리 소식은 프랑스 곳곳으로 퍼져 나갔어. 그동안 억압받던 사람들은 자유롭고 평등한 세상을 만들기 위해 일어섰지. 그렇게 혁명이 일어나고, 드디어 프랑스는 왕도 귀족도 없는 나라, 모든 사람이 평등하고 자유로운 나라, 법에 따라 다스려지는 나라로 다시 태어나게 되었어.

나라의 주인은 누구일까?

사람들은 안전하고, 행복하게 살기 위해 국가를 만들었다고 했지? 그런데 국가는 주인이 누구인가에 따라 그 모습이 달라진단다.

혁명이 일어나기 전의 프랑스는 왕이 국가를 다스리고 있었어. 왕은 나라의 모든 일을 마음대로 할 수 있는 힘을 가졌어. 군대를 마음대로 움직여 전쟁을 일으킬 수도 있고, 세금도 마음대로 거둘 수 있었지. 왕의 말 한마디면 수천 명의 사람을 모아서 궁전을 짓게 할 수도 있었어. 한마디로 프랑스는 왕이 나라의 주인이었던 거야.

그리고 당시 프랑스는 세 개의 신분이 있는 사회였단다. 제1신분은 성직자, 제2신분은 귀족, 제3신분은 평민이었어. 제3신분은 국민의 96% 정도로 굉장히 많았지만 권력은 성직자나 귀족들이 가지고 있었지. 성직자와 귀족들은 많은 땅을 가지고 있었고, 농민들의 재산을 마음대로 빼앗을 수 있었어. 또 그들은 재산이 아무리 많아도 세금을 내지 않아도 되었지. 왕실에 사용되는 경비, 왕과 귀족들의 연회에 쓰이는 모든 돈을 제3신분이 내야 했단다.

왕과 귀족들에게 착취를 당하던 사람들은 점차 이런 계급사회가 옳지 않다는 것을 깨닫게 되었어. 무엇보다 왕이나 귀족같이 몇몇 사람이 나라를 다스리는 게 아니라, 국민 모두가 나라를 다스리는 일에 참여할 권리가 있다는 생각을 하게 되었지.

왕이 주인이 아니라, 국민이 주인인 나라! 나라를 움직이는 권력을 국민 한 사람 한 사람이 가지고 있는 나라, 그래서 모든 국민이 정치에 참여할 수 있는 나라를 우리는 '민주주의 국가'라고 부른단다.

민주주의를 시작한 사람들

프랑스 혁명이 일어나고, 프랑스는 민주주의 국가로 한 걸음 나아가게 되었어. 그럼, 가장 먼저 민주주의를 시작한 나라가 프랑스일까?

아니야. 실은 아주 오래 전 민주주의를 실천한 사람들이 있었지. 바로 고대 그리스 아테네 사람들이야. 아테네는 그리스의 작은 도시국가였어. 아테네에는 '아고라'라고 하는 넓은 광장이 있었는데 사람들은 이 광장에 모여 정치에 대해 이야기를 나누었단다.

아테네에 사는 시민이라면 누구나 아고라에 와서 자신의 의견을 말할

수 있었어. (단, 여자나 노예, 외국인을 뺀 성인 남자만 시민이 될 수 있었어.) 그들은 아테네에 필요한 법을 만드는 일이나, 세금을 올릴 것인가, 내릴 것인가 하는 일에 대해 토론을 한 다음 결정을 내렸지. 그리고 해마다 회의를 열어서 조개껍데기나 도자기 조각에 나라에 위험한 인물의 이름을 적어서 내쫓는 '도편추방제'라는 제도도 있었어. 한 사람이 권력을 갖지 못하게 막는 방법이었지.

아테네 시민은 약 4만 명 정도였다고 해. 적은 인구였기 때문에 모두가 한곳에 모여서 의견을 내고, 중요한 결정을 할 수 있었지. 이렇게 모든 시민이 직접 정치에 참여하는 것을 '직접 민주주의'라고 부른단다.

이렇게 모두가 직접 정치에 참여하는 것이 가장 좋은 민주 정치야. 하지만 지금은 인구가 그때와는 비교가 안 될 만큼 많아졌고, 또 그 많은 사람들이 모두 모일 큰 장소도 없어. 또 결정할 나라 일이 한두 가지가 아니라 셀 수 없을 만큼 많지. 그래서 선거를 통해 나 대신 정치를 해 줄 대표를 뽑고 있어. 국회의원, 대통령, 시의원 등을 뽑아 나라를 잘 운영해 달라고 맡기는 거지. 이것을 '대의 민주주의'라고 해.

민주주의, 무엇이 중요할까?

"인간은 태어나면서부터 자유로우며 평등한 권리를 지닌다."

프랑스 혁명 중에 선포한 〈인간과 시민의 권리선언〉 맨 처음에 나오는 문장이란다.

이 선언에는 민주주의가 가장 중요하게 생각하는 것이 무엇인지 잘 나타나 있어. 민주주의는 인간을 존중한단다. 인간은 태어날 때부터 인간이라는 이유만으로 소중한 존재야. 그래서 누구에게 이용당해서도 안 되고, 그 누구도 인간이 가진 기본 권리를 빼앗을 수 없어. 자유로울 권리, 재산을 가질 권리, 안전하게 살 권리를 모든 사람이 태어나면서부터 갖는 거지.

만약 경찰이 한밤중에 집에 들어와 마음대로 나를 잡아갈 수 있다면 어떨까? 또 신문이나 책을 낼 때마다 국가의 허락을 받아야 한다면, 마음대로 이사를 못 가고, 내 재산을 가질 수도 없다면 어떨까? 이런 나라는 인간의 기본 권리를 전혀 보장하지 않는 나라라고 할 수 있겠지.

그럼, 우리나라는 어떨까? 우리나라도 한때 프랑스처럼 왕이 있었지. 1910년까지는 마지막 왕인 순종이 나라를 다스렸고, 그 뒤로 36년은 일본이 우리나라를 지배했어. 그러다 해방이 되고, 1948년 대한민국이라는 민주주의 국가가 되었단다. 헌법 제1조에 "대한민국은 민주공화국이다. 대한민국의 주권은 국민에게 있고, 모든 권력은 국민으로부터 나온다."라고 새겨져 있어.

민주주의는 달팽이

"오늘부터 왕이 사라지고, 민주주의 국가가 되었습니다. 땅땅땅!"

이렇게 선포했다고 해서 그날부터 바로 민주주의를 실천하는 나라가 되는 것은 아니야. 프랑스도 혁명으로 왕이 사라지고 국민들이 직접 정치에 참여하게 되었지만, 실은 재산이 있는 사람들만 선거를 하고 정치를 할 수 있었지. 가난한 노동자나 여성은 대표가 될 수 없었고, 선거권

도 갖지 못했어. 가난하기 때문에, 여자이기 때문에 정치에 참여할 수 없다면, 그건 모든 인간이 자유롭고 평등하다는 생각에 어긋나는 거잖아? 그래서 혁명 이후에도 정치에 참여할 권리를 찾기 위해 다시 싸워야 했단다.

여성은 정치를 하기 위해 훨씬 더 많은 시간을 기다려야 했어. 1920년대에 선거권을 갖게 되었으니까. 여성뿐 아니라 흑인들도 힘든 싸움을 통해 선거권을 얻게 되었지.

민주주의는 이렇게 오랜 시간, 많은 사람들이 노력하여 천천히 발전해 왔어. 어떻게 하면 민주주의 정신을 잘 실천할 수 있을까, 고민하면서 말이야.

　관심을 갖지 않으면 권력을 혼자 갖고 싶어 하는 독재자가 생기기도 하고, 국민의 대표라는 사람들이 국민의 뜻과는 다른 정치를 하기도 해. 모두가 자유롭고 평등하게 살아간다고 하지만, 장애인이나 가난한 사람들처럼 알게 모르게 차별을 받는 사람들도 있어.

　앞으로 우리는 민주주의를 발전시키기 위해 어떤 정치 제도를 만들어 왔는지, 시민들은 어떤 노력을 하는지 알아보게 될 거야. 그동안 우리 모두가 머릿속에 콕 새겨 두어야 할 한 가지가 있어. 그건 바로 "내가 이 나라의 주인이다!" 라는 사실이야.

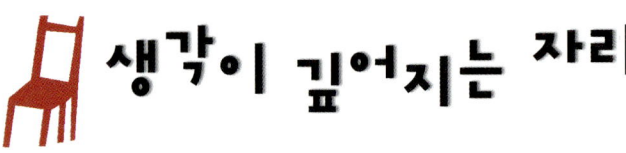

생각이 깊어지는 자리

프랑스대혁명은 오늘날까지 많은 사람들에게 감명을 주고 있습니다. 프랑스대혁명 당시 사람들이 주장했던 인간의 존엄성, 자유, 평등은 영원히 지켜져야 할 중요한 가치이기 때문이지요. 왜 프랑스대혁명이 일어났을까, 프랑스대혁명으로 세상이 어떻게 달라졌을까, 생각해 보세요.

- 프랑스대혁명이 일어난 이유는 무엇인가요?

- 프랑스 국민들은 왜 스스로 정치를 하고 싶어 했을까요?

- 프랑스대혁명에서 가장 중요하게 생각한 것은 무엇입니까?

- 그리스의 민주주의와 오늘날 우리의 민주주의는 어떤 차이점이 있을까요?

- 대표를 뽑아서 정치를 맡기는 민주주의 제도에 문제는 없을까요? 문제가 있다면 어떻게 보완해야 할까요?

청소에도 민주주의가 필요하다!

학교생활을 하면서 불편한 점을 신고하는 난이 새롭게 만들어진 지 한 달이 되었습니다. 그동안 많은 어린이 독자들의 격려 편지와 메일을 받았습니다. 오늘은 이름을 밝히지 말아 달라고 부탁한 한 친구의 사연을 소개합니다.

우리 교실에서는 한 달에 한 번씩 청소 구역을 정합니다. 교실 쓸기, 화분 물주기, 쓰레기 버리기 등 한 달 동안 자기가 할 일을 정하는 거죠. 그런데 아이들이 싫어하는 일은 쓰레기 버리기와 화장실 청소입니다. 맡고 싶어 하는 일은 화분 물주기, 탁자 닦기 같은 것들입니다. 저는 세 달째 화장실 청소를 하고 있습니다. 제가 화장실 청소를 좋아하냐고요? 절대 아닙니다. 청소 구역을 정하는 일은 학급 임원들이 한 달에 한 번 짜서 알려 줍니다. 그런데 학급 임원들과 친한 아이들은 쉬운 일을 맡고, 친하지 않은 아이들은 힘든 일을 맡는 것 같습니다. 우리는 정치 시간에 민주주의에 대해 배웠습니다. 민주주의는 모든 사람의 의견을 듣고, 모두가 함께 결정하는 것 아닙니까? 지금 우리 교실에는 민주주의가 없습니다. 저는 청소 구역 결정도 민주적으로 해야 한다고 생각합니다!

―〈청어람 신문〉 이어람 기자

- 이름을 밝히지 않은 친구는 청소 구역 결정이 왜 잘못되었다고 생각하고 있나요?

- 민주주의는 나라를 다스리는 문제뿐 아니라, 우리 생활 곳곳에서도 실천되어야 합니다. 청소 구역 결정을 민주적으로 하려면 어떤 방법이 좋을지 생각해 보세요.

민주주의를 두려워하는 독재자

원님이 심심하면~ 좌수 볼기를 친다!

＊좌수: 조선시대 때, 지방의 자치 기구인 향청(鄕廳)의 우두머리

사또 마음대로

이보시오, 나는 남원에 사는 최 씨라는 사람이오. 내가 속에서 천불이 나서 그러니, 우리 고을 변 사또 얘기 좀 들어보겠소? 내 얘기를 듣다 기가 콱! 막힐 수도 있으니 조심하구려.

그럼, 길게 말할 것도 없이, 사또가 일주일 동안 뭘 하며 보내는지만 말하리다.

 월요일

변 사또가 칠성이와 만득이의 재판을 했지요.

"칠성이가 만득이의 재산을 훔쳤으니, 칠성이는 만득이에게 천 냥을 물어주어라."

사또가 판결을 내렸습니다. 옆에 있던 이방이 사또에게 "칠성이가 사또에게 오백 냥이나 보냈는뎁쇼"라고 속닥거렸답니다.

그러자 사또가 곧바로 다시 판결을 내렸습니다.

"흠흠! 다시 생각해 보니, 칠성이는 죄가 없다."

"칠성이가 죄가 없다니요? 좀 전엔 칠성이가 잘못을 했다고 하셨지 않습니까?"

만득이가 억울해서 하소연했지요. 그랬더니 우리 사또가 이럽디다.

"만득이, 저 녀석을 감옥에 넣어라! 죄명은 '사또에게 말대꾸한 죄'니라!"

 화요일

사또가 막대 사탕을 하나 물고는 마을 공원에서 산책을 하던 중이었습니다. 갑자기 물고 있던 사탕을 내던지며 이방에게 묻더군요.

"이, 이방! 저, 저, 저 미인은 대체 누구인고?"

사또가 가리키는 사람은 조선 팔도에 아름답기로 소문난 춘향이었습니다.

"예, 사또. 저 여인이 그 유명한 춘향이입니다."

이방이 수염을 살랑거리며 대답했지요.

"뭐라? 그 유명한 춘향이? 당장 춘향이와 결혼을 하겠다. 준비해라!"

"그건 좀…… 곤란할 듯합니다요. 사실은 춘향이에게는 약혼자가 있습니다."

그러자 우리 사또 하시는 말씀이 가관입니다.

"흠흠! 상관없다. 강제로라도 춘향이와 결혼을 하고 말 테다! 왜냐고? 난 사또니까."

그러고는 이방에게 이렇게 속삭였지요.

"춘향이 약혼자는 감옥에 보내 버려."

 수요일

춘향이가 사또의 청혼을 거절해서 사또 기분이 영 말이 아닙니다.

"내가 명색이 사~또인데, 집이 너무 작아서 폼이 안 난다고! 집이 작아서 춘향이가 날 싫어하는 걸 거야!"

그 말을 들은 관리들은 기가 막혔지요. 춘향이는 사또의 집이 싫은 게 아니라, 사또를 싫어하는 게 분명하니까요. 그러자 아첨쟁이 이방이 사또에게 '마을에서 최 영감의 집이 제일 크다'고 고자질을 했지요.

"뭐? 최 영감네 집이 우리 고을에서 가장 크다고? 흠흠! 오늘 당장 최 영감네 집으로 이사를 가야겠다. 대신 최 영감에게 살 집을 줘야지."

"어떤 집을 주시려고요?"

이방이 수염을 돌돌 말며 물었습니다.

"감옥 말이야, 감옥! 최 영감이 큰 죄를 지었거든. 사또보다 큰 집에서 사는 건, '사또 무시죄'니까 말이야. 최 영감을 감옥에 넣어 버려!"

이렇게 해서 최 영감은 대궐 같은 집을 빼앗기고 감옥에 갇혀 버렸답니다.

 **목요일**

이웃 마을 사또의 생일잔치에 다녀온 후, 우리 사또가 화가 많이 났답니다. 그 이유는 이렇습니다.

"이웃 마을 사또는 금옷을 입었더라고, 금옷 말이야! 그런데 내 옷은 너무 초라해. 이 잘생긴 얼굴에 맞지 않는다고! 세금 더 걷어서 나도 금옷 해 줘."

"하지만 세금은 마음대로 걷을 수가 없지 않습니까? 법으로 정해진 만큼만 세금을 걷어야 할 텐데요……."

그러자 사또가 이렇게 소리를 질렀습니다.

"법 바꿔!"

 **금요일**

"사또, 간밤에 잘 주무셨습니까?"

이방이 사또에게 문안 인사를 했습니다.

"요즘 귀가 간지러워서 통 잠을 잘 수가 없구나. 귀지가 많아서 그런가? 아니면 누가 내 욕을 해서 그런가?"

"사실은 말입죠. 속닥속닥!"

이방이 사또에게 귓속말을 했지요.

"뭐? 백성들이 모이기만 하면 내 욕을 한다고?"

사또가 주먹을 불끈 쥐더니 소리를 버럭 질렀습니다.

"그놈들을 당장 잡아들여라! 그리고 백성들이 둘 이상 모이지 못하게 해라! 그놈들의 죄는 나를 잠들지 못하게 한 죄, 바로 '사또 불면증 유발죄'니라!"

 토요일

변 사또가 고개를 갸웃거리며 이방에게 말했습니다.

"어제 내 욕을 하는 놈들을 다 잡아들였는데도, 밤에 잠을 잘 수 없었어. 내 욕을 하는 놈들이 더 있는 게 분명해."

이방이 사또에게 이렇게 속닥거렸지요.

"아마, 혼자 중얼거리며 사또 욕을 하는 놈들도 있을 겁니다."

"그래, 그렇겠군. 여봐라! 고을 구석구석에 감시카메라를 설치해서 누가 내 욕을 하는지 감시하도록 해라. 혼자 내 욕을 중얼거리는 놈도 잡아야 하니, 화장실에도 꼭 감시카메라를 설치하도록!"

"사또, 그렇게 백성을 감시한다고 해서, 사또를 욕하는 어리석은 백성이 사라지겠습니까? 보다 근본적인 방법이 필요합니다. 제 생각에는 백성이 어렸을 때부터 사또를 존경하도록 세뇌를 시키면, 나중에 커서도 사또를 욕할 생각은 아예 못 할 거 아닙니까?"

이방이 또 아부하듯 말했습니다.

'근본적인 방법이라······. 흠흠, 그게 좋겠군.'

"여봐라, 매일 아침 9시에 '사또는 위대하시다'라고 외치는 법을 만들어라! 그리고 내 위인전을 만들어서 백성들이 읽게 해라! 백성이 날

존경하도록 만들어라."

 일요일

변 사또가 시원한 정자에서 코를 후비며 누워 있고 옆에서는 이방이 사또가 먹을 사과를 깎고 있었습니다.

"쉬지 않고 고을을 위해 일했더니 아주 피곤하구나. 나처럼 위대한 사또를 기념하기 위해 동상은 필수! 고을 중앙에 내 황금동상을 세우도록 해라!"

그러자 이방이 사과 한쪽을 사또에게 건네며 속닥거렸습니다.

"사또가 걱정하실까 봐, 말씀을 안 드렸는데요. 실은 백성들이 사또를 내쫓으려고 반란을 일으켰습니다."

"뭐? 이런 무식하고 배은망덕한 백성들을 보았나? 몽땅 잡아다 감옥에 처넣어라!"

"그게 좀……. 백성을 하도 많이 잡아넣어서 감옥이 꽉 찼습니다."

그러자 사또가 혀를 끌끌 찼습니다.

"이런 죄 많은 백성을 보았나? 이웃 마을의 감옥은 텅텅 빈다는데, 우리 백성들은 죄를 얼마나 많이 졌으면 감옥이 꽉 찼을까? 흠흠! 사또 생활 40년 만에 이렇게 후진 백성들은 처음 본다!"

우리 사또 얘기를 들어보니 어떻소? 정말 기가 콱! 막히지 않소? 사또가 하라는 대로 하며 살자니 말 한마디 제대로 못 하고 사또 눈치만 보며

살아야 하고, 사람답게 살자니 사또를 내쫓을 힘이 없구려. 내가 어떻게 해야 할지 누가 좀 가르쳐 주쇼!

● 참, 해도 해도 너무한 사또지? 사또는 옛날에 마을을 책임지고 다스리던 관리를 말해. 지금의 군수, 시장 같은 지역의 대표자와 같지. 국민의 안전과 행복을 위해 일하는 게 관리들의 의무란다. 또 그렇게 일할 수 있도록 권력을 가지고 있지. 그리고 앞에서 살펴본 것처럼 그 권력을 준 것은 국민이야. 그런데 국민이 준 권력을 잘못 사용하는 사람들이 있단다. 바로 위의 사또처럼 말이야.

내가 짱이야!

국민이 자신에게 권력을 준 이유를 잊어버리고 그 힘을 자신을 위해 사용하는 거야. 심지어 권력을 이용해서 국민의 자유를 빼앗고 노예처럼 부리려고도 하지. 자기 혼자 모든 권력을 차지하고 자기에게 반대하는 사람은 모두 몰아내 버리지. 이런 대표자를 독재자라고 한단다. 앞에서 살펴본 것처럼 우리는 크고 작은 사회에 속해 있어. 그 사회에는 대표(혹은 우두머리)가 있지. 그 중에서 가장 큰 사회가 국가이고 국가를 대표하는 사람이 바로 대통령이야. 한 나라에서 가장 큰 권력을 가진 사람이 바로 대통령이니까. 그래서 대통령이 어떤 사람이냐에 따라 국민의 생활은 큰 영향을 받는단다. 지금도 그렇지만 지난 역사를 되돌아보면, 온

 국민을 속이고, 힘으로 억누르고 괴롭힌 독재자들이 있었어. 대표적인 사람이 바로 독일의 히틀러야.

 히틀러는 1934년부터 1945년까지 독일의 총통(대통령)이었어. 그는 제2차 세계대전을 일으켜서 전 세계를 전쟁으로 몰아넣은 사람이란다. 지금은 세계에서 가장 잘사는 나라 중 하나지만, 그 당시의 독일은 제1차 세계대전에서 패전한 이후여서 살기가 아주 힘들었어. 독일 국민들은 히틀러야말로 자신들을 부유하고 행복하게 만들어 줄 지도자라고 믿었단다. 그래서 히틀러가 하는 말을 믿고 그에게 모든 권력을 주었지.

독일의 모든 권력을 손에 넣자, 히틀러는 거의 모든 국민을 군인으로 만들어서 전 세계를 상대로 전쟁을 시작했어. 다른 나라의 재산을 빼앗아 독일 국민을 잘살게 해 주겠다는 거였어. 특히 히틀러는 독일 국민은 전 세계에서 가장 우수한 종족이기 때문에, 전 세계를 지배하는 것은 당연한 거라고 국민들을 세뇌시켰어. 평화롭게 살던 이웃 나라에 갑자기 쳐들어가서는 약탈을 일삼았지. 그리고 단지 유태인, 집시, 장애인이라는 이유로 수백만 명을 강제로 수용소에 보내 죽음으로 내몰았어. 또한 전쟁을 일으켜 전쟁에서 죽고 다친 사람이 7천만 명(73,603,000명)이 훨씬 넘는다니, 한 사람의 독재자가 얼마나 큰 위험을 저지를 수 있는지 짐작할 수 있을 거야.

그런데 히틀러가 독일이 부강해지고 독일 국민이 잘살도록 하기 위해 전쟁을 벌였으니 적어도 독일 국민에게는 독재자가 아니지 않았을까, 라는 생각이 들지 않아? 그럼, 왜 히틀러를 독재자라고 하는지 알아볼까?

왕권신수설

왕의 권리는 신으로부터 받은 절대적인 것이라는 생각입니다. 그래서 왕은 다른 어떤 것으로부터도 제한받지 않는 강력한 힘을 가집니다. 프랑스 왕 루이 14세가 '짐이 곧 국가'라는 말을 했을 정도로, 당시 왕의 권력은 대단했습니다.

독재자 히틀러

히틀러의 행동이 옳지 않다는 건 친구들도 알 거야. 그럼, 그 당시의 독일 국민은 너무나 어리석어서 히틀러 같은 독재자를 대표로 뽑고 그가 시키는 대로 목숨을 걸고 전쟁에 나갔을까? 경제적으로 매우 어려운 상황이었지만, 그 당시의 독일 국민도 지금의 우리와 크게 다르지 않았단다. 가족, 친구들과 함께 하루하루 열심히 일하고 행복해지길 바라는 사람들이었지. 다른 사람의 불행을 보면 가슴 아파하고 손을 내밀어 도울 줄 아는 그런 평범한 사람 말이야.

그런 독일 국민들이 왜 히틀러를 막지 않고 오히려 그가 시키는 대로 전쟁을 일으키고 이웃이었던 유태인, 집시 들을 수용소로 보내 죽게 했을까? 이게 바로 '독재자의 무서움' 이란다. 독재자는 국민을 속이고 감시하지. 또 끝까지 자기 말을 듣지 않는 사람을 가두거나 죽이기까지 한단다. 온 국민을 자기 말대로 움직이는 꼭두각시로 만드는 거야. '저건 잘못된 말이 아닐까?' 라고 의심하던 사람도 계속해서 그런 말을 들으면 믿게 되거든.

그리고 독재자의 말을 믿지 않고 저항하던 사람이 감옥에 갇히거나 목숨

을 잃게 된다면, 사람들은 두려워서 독재자의 말에 따르게 되지. 그래서 국민들은 스스로 생각할 능력을 잃어버리게 되는 거야. 마찬가지로, 독일 국민도 히틀러에게 속은 희생자일지 몰라. 자신들을 행복하게 해 줄 대표자로 히틀러를 뽑았지만 그들에게 돌아온 것은 감시, 전쟁, 죽음 그리고 전쟁을 일으켰다는 죄책감이니까 말이야.

독재자는 다 똑같아!

히틀러뿐 아니라 많은 독재자가 있었고 지금도 있단다. 그리고 독재자들은 모두 비슷한 행동을 하지. 국민의 자유를 빼앗고 감시하는 거야. 또 폭력을 사용해 겁을 주거나, 자기 말을 듣지 않는 사람은 국가에 위험한 사람이라고 몰아세우지. 또 정치는 자기가 다 알아서 할 테니, 국민에겐 정치에는 관심 갖지 말고 열심히 일만 하면 된다고 해. 자기들끼리 권력을 독차지하려는 거지. 그리고 국가에 어떤 일이 일어나는지 국민에게 숨기려고 한단다. 그래서 신문, 뉴스 같은 언론들이 자신을 비판하지 못하게 해.

　왜 독재자들은 이런 행동을 하는 걸까? 그건 그들이 국민에게 떳떳하지 못하기 때문이야. 또 국민이 자신의 잘못을 알게 되는 것을 두려워하기 때문이지. 권력은 있지만, 국민이 스스로 복종하게 하는 힘, 즉 권위가 없기 때문이란다. 권위가 없는 권력은 그저 폭력일 뿐이거든. 그럼, 권위는 어떻게 해야 생기는 것일까? 다음 장에서 함께 살펴보자.

 ## 생각이 깊어지는 자리

남원 변 사또는 자기 마음대로 마을을 다스립니다. 다른 사람의 재산을 빼앗고 마음대로 법을 만듭니다. 또 마을 주민을 감시해서 자기 마음에 안 드는 사람은 감옥에 가두고 자유를 빼앗습니다.

- 사또는 어떤 일을 하는 사람인가요?

- 남원 변 사또가 가장 잘한 일, 가장 잘못한 일은 무엇일까요?

• 독재자의 특징을 생각나는 대로 적어 보세요.

• 여러분이 남원의 새 사또가 되었다고 상상해 보세요. 어떻게 해야 백성들이 스스로 복종하고 존경하는 사또가 될 수 있을까요?

태양처럼 위대한 주석님의 탄신일?

북한의 최대 명절은 4월 15일이다. 이 날은 고 김일성 북한 주석이 태어난 날이다. 태양같이 위대한 김일성 주석을 기린다는 의미로, '태양절'이라고 부른다.

북한 당국은 매년 태양절을 휴무일로 정하고, 다양한 행사를 벌인다. 텔레비전과 라디오에서도 고 김일성 주석에 대한 영화와 다큐멘터리 등을 방영한다. 태양절은, 북한 주민에게 고 김 주석을 위대한 영웅으로 기리면서, 고 김 주석뿐 아니라 그의 아들 김정일 국방위원장에 대한 충성심을 강조하는 명절인 셈이다.

— 〈청어람 신문〉 이어람 기자

- 김일성은 북한의 최고 통치자인 주석이었습니다. 북한에서는 그가 태어난 4월 15일을 태양절로 정해 기념하고 있습니다. 만약 우리나라에서 대통령의 생일을 명절로 정한다면 여러분은 찬성할 건가요? 아니면, 반대할 건가요?

- 위처럼 생각한 이유는 무엇인가요?

- 북한의 정식 이름은 '조선민주주의인민공화국'입니다. 북한도 민주주의 국가라는 것이지요. 그런데 김일성 주석이 사망하자 그의 아들인 김정일이 북한 최고의 권력자가 되었습니다. 여러분은 이 사실을 어떻게 생각하나요?

법으로 다스려요, 법치주의

2000년, 셰리 블레어는 신용카드밖에 없어서 승차권을 살 수 없었다.
그래서 승차권 없이 지하철을 탔다. 그녀는 목적지에 도착해서
지하철 승무원에게 무임승차를 했다고 신고했다.
그리고 지하철 요금과 벌금을 신용카드로 냈다.
그녀의 남편, 토니 블레어는 1997~2007년까지 영국의 총리였다.

법대로 해요, 법대로!

큰 태풍이 몰아쳤습니다. 며칠 동안 쉴 새 없이 폭포수처럼 비가 쏟아지고 거센 바람에 나무뿌리가 뽑히고, 사람이 제대로 걸을 수도 없을 정도였습니다.

이번 태풍은 은빛마을을 향해 돌진했습니다. 은빛마을은 화훼마을이었습니다. 은빛마을에선 계절마다 아름답고 탐스러운 꽃을 가꾸어 팔았습니다. 새로운 품종의 꽃도 개발해 세계 여러 나라에 비싸게 팔기도 했습니다. 은빛마을 사람들에게 꽃은 생명과도 같은 것이었습니다. 소중한 꽃이었던 만큼 은빛마을 사람들은 튼튼한 비닐하우스를 지어 꽃을 심고 가꿨습니다. 하지만 이번 태풍은 비닐하우스를 찢어 버리고 굵은 비닐하우스를 버티게 하는 철제까지 날려 버릴 만큼 거셌습니다.

쏟아지는 비와 거센 바람에 꽃잎이 떨어지고 가지는 꺾였습니다. 게다가 갑자기 쏟아지는 엄청난 비에 허리까지 물이 차올랐습니다. 꽃과 비닐하우스를 돌보던 마을 주민들은 허리까지 차오른 홍수를 피해 지붕 위로 대피해야 했습니다.

넘쳐나는 빗물 위로 주민들의 땀을 먹고 곱게 자란 꽃잎이 둥둥 떠올랐습니다. 지붕 위로 대피한 마을 주민들은 그 꽃들을 보며 속이 까맣게 타들어갔습니다.

"아이고, 하루만 일찍 꽃을 거두었어도 이렇게 몽땅 잃지는 않았을 텐데……."

"태풍에 대비해서 수로를 넓히는 공사를 해 달라고 그렇게 말했는데, 계속 미루더니 결국 이런 일이 벌어지는구먼."

주민들은 정부를 욕했습니다.

비바람은 쉬지도 않고, 사흘을 계속 퍼부었습니다. 그러다 나흘째가 되자, 태풍이 물러났습니다. 언제 비가 내렸냐는 듯, 햇볕이 쨍쨍 내리쬐었습니다. 마을 주민들은 당장 태풍이 엉망으로 망쳐 놓은 마을을 복구하기 시작했습니다. 정부와 시민단체, 수많은 자원봉사자들이 은빛마을의 복구를 도왔습니다. 또 정부는 은빛마을을 특별재해지역으로 지정해서 피해를 입은 주민에게 피해복구비와 특별위로금 등을 지급하고, 다양한 도움을 주기로 결정했습니다. 그리고 피해를 입은 은빛마을 주민들은 군청에 피해 신고를 해야 했습니다.

그런데 은빛마을에는 김소팔이라는 국회의원의 별장이 있었습니다.

다행히 별장이 산 중턱에 있어서 태풍의 피해를 입지는 않았어요. 하지만 별장을 만들고 별장까지 산길을 내려고 나무를 베는 바람에 산에서 흙이 무너져 산 밑에 사는 주민들은 더 큰 태풍 피해를 입었답니다.

특히, 산 바로 아래에서 수박을 키우던 최 씨의 피해는 이만저만이 아니었습니다. 산에서 흙이 무너져 내려 애써 키운 수박이 흙더미에 깔렸지요. 피해가 어찌나 심했던지 그곳이 수박 과수원이었다는 것도 알 수 없을 정도였어요. 최 씨는 산에 있는 나무를 베어서 자신이 더 큰 피해를 입게 만든 김소팔 의원이 미웠지만, 김 의원에게 화를 낼 수는 없는 일이었습니다.

"오늘 당장 군청에 가서 피해 신고를 해야지. 그래야 하루라도 빨리 지원금을 받아서 다시 농사를 지을 수 있을 거 아냐."

최 씨는 서둘러 구청으로 향했습니다.

구청에는 이미 피해복구비를 신청하는 은빛마을 주민들이 많이 있었습니다. 그런데 주민들이 씩씩거리는 소리가 들렸어요. 무슨 일인가 싶어 귀를 기울이니, 아 글쎄, 아무런 피해를 입지 않은 김소팔 의원이 피해복구비를 신청했다는 거였습니다. 게다가 은빛마을 주민 중에 제일 먼저 피해 복구비를 받았다나요? 그러니 큰 피해를 입고 생활 터전을 잃은 마을 주민들이 화가 날 만했지요.

"이보게, 최 씨! 정말로 김소팔 의원이 피해를 입었나? 자네가 제일 잘 알 거 아닌가?"

"무슨 말씀이세요. 김 의원이 우리 동네에 사는 것도 아니고, 무슨 피해를 입었겠어요. 그 양반 별장 때문에 오히려 나만 큰 피해를 입었어요. 그 산에서 흘러내린 흙더미 때문에 수박밭이 쑥대밭이 되었다고요."

최 씨는 생각할수록 김소팔 의원이 괘씸했습니다. 자기 별장 때문에 다른 사람이 피해를 입었는데도 본체만체하고 은빛마을엔 와 보지도 않으면서, 피해복구비만 날름 받으려 하다니요. 그래서 최 씨는 이런 사실을 신문사에 알리고 경찰에 고발도 했습니다.

김소팔 의원은 당황했습니다. 거짓으로 지원금을 타 내려다 전 국민에게 망신당하고, 재판에서 지게 되면 국회의원 자리에서도 쫓겨날 지경이었지요.

고민 끝에 김소팔 의원은 큰형에게 전화를 걸었습니다. 김소팔 의원의 큰형은 대통령이었거든요. 김 의원의 큰형인 대통령은 아주 크게 화를 냈습니다. 하지만 동생이 국회의원 자리에서 쫓겨나거나 감옥에 가는 것을 그냥 볼 수는 없었습니다. 게다가 자신의 명예도 떨어질 게 분명했지요.

대통령은 김소팔 의원의 재판을 담당하는 윤소신 판사에게 전화를 걸었습니다.

"이번 재판에서 한 번만 도와주시면, 제가 섭섭하지 않게 대접을 하겠습니다."

"법은 모두에게 공평합니다. 잘못을 저질렀으면 당연히 벌을 받아야 하는 것 아닙니까."

"지당하신 말씀이십니다. 판사님처럼 공정하신 분이 쭉쭉 승진하셔

서 법무부 장관도 되셔야 할 텐데……. 그리고 제 부탁을 거절하시면 앞으로 살기 힘드실 겁니다."

'이거 큰일이네. 양심을 팔 수도 없고, 그렇다고 대통령의 부탁을 거절하자니 앞일이 걱정이고.'

대통령의 말에 윤 판사는 고민에 빠졌습니다. 법에 따라, 양심껏 이번 재판을 진행하고 싶었습니다. 하지만 대통령의 부탁을 거절했다가 보복을 당하지 않을까, 걱정도 되었습니다.

'김소팔 의원이 정부 지원금을 거짓 신고로 받았다고 해도 누가 피해를 입은 것은 아니잖아? 그 정도는 큰 잘못도 아니야. 게다가 법무부 장관 자리를 준다잖아. 이건 가문의 영광이라고.'

'아냐, 나는 법관 선서식 때, 헌법과 법에 의해, 양심에 따라 공정하게 심판한다고 선서했잖아. 난 이 선서를 잊지 말아야 해. 그래, 모든 일은 법대로 해야 해, 법대로!'

윤소신 판사는 굳게 결심했습니다.

● 윤 판사는 어떤 결정을 내렸을까? 법관이 되면서 선서한 대로, 헌법과 법률에 의해, 양심에 따라 재판을 했을까? 아니면, 대통령에 대한 두려움과 장관이 되고 싶은 욕심을 따랐을까?

법대로 해요, 법치주의

우리나라 같은 민주주의 국가는 국민이 주인이고 그 나라의 최고 힘인 주권 역시 국민의 것이라고 했지? 물론 대표를 뽑아 그들에게 정치를 대신 맡기고 있기는 하지만 말이야. 그런데 아무리 국민을 대표하는 사람이라고 해도 그들 마음대로 정치를 해도 될까? 그들도 실수를 할 수 있고, 나랏일을 하는 데 필요한 지식이나 도덕심이 부족할 수도 있잖아.

또 국민이 자신들에게 준 권력을 자신만을 위해 사용할 수도 있고 말이야. 위에 나오는 김소팔 의원과 그의 형인 대통령처럼 말이야.

그래서 민주주의 국가에서는 오직, 법에 의해서만 나라를 다스릴 수 있단다. 법으로 정해진 것 외에는 국민에게 이래라저래라 할 수 없고, 그들이 정치를 하는 방법도 법에 정해진 대로 해야 하지. 이것을 법치주의라고 하는데, 법치주의는 민주정치의 기본원리란다.

법치주의 VS 입헌주의

이 둘은 비슷한 말이에요. 입헌주의는 국가의 가장 기본이 되는 법, 즉 헌법에 따라 국가를 다스려야 한다는 뜻이거든요.

법대로, 국민의 뜻대로

법치주의가 왜 민주정치의 기본 원리일까? 그건, 법을 만드는 곳이 국민이 직접 뽑은 대표가 모인 국회이기 때문이야. "나 대신 정치를 하시오" 하며 뽑은 대표들은 국민의 뜻을 잘 알아서, 국민에게 필요한 법을 만들잖아. 그러니 법은 국민의 뜻을 표현하는 셈이지. 또 그렇기 때문에 법으로 나라를 다스리는 것은, 결국 국민의 뜻대로 나라를 다스리는 것과 같은 거란다.

그런데 여기서 문제가 생길 수 있어. 법을 어기는 사람들이 있기 때문이야. 안타깝지만, 국민이 권력을 준 사람들 중에 법을 무시하고 국민을 무시하는 사람들이 있거든. 권력이 센 사람은 죄를 지어도 벌을 받지 않는 경우가 종종 뉴스에 나오기도 하지. 그래서 중요한 것이 사법부의 독립이란다.

사법부는 윤소신 판사처럼, 자기에게 유리하게 판결을 하라고 겁을 주거나 이익을 주겠다며 유혹하는 사람들에게서 독립을 지켜야 한단다.

사법부의 독립을 지키는 방법

그럼, 사법부의 독립을 지키기 위해 우리나라는 어떻게 하고 있을까? 우선 사법부에 속한 법관의 신분을 보장해 줘야 해. 이 말은, 입법부나 행정부의 눈치를 보지 않고, 사법부의 대표라 할 수 있는 대법원장이 법관을 임명한다는 뜻이야. 만약 법관을 입법부나 대통령, 법무부 장관 등이 임명한다면 법관들은 그들의 눈치를 볼 수밖에 없겠지.

그리고 법관이 아주 큰 죄를 짓지 않는다면 계속 법관의 자리를 유지할 수 있단다. 만약 윤소신 판사가 대통령의 부탁을 거절해서 김소팔 의원을 처벌한다고 해도, 윤소신 판사는 계속 판사로 일할 수 있지.

또 사법부를 구성하는 조직도 오직 법으로만 정해야 해. 대통령이나

행정부에서 마음대로 바꿀 수 없단다. 만약 행정부나 입법부에서 마음에 안 드는 법관을 내쫓기 위해서 그 법관이 속한 부서를 없앨 수도 있다면, 법관들은 그들의 눈치를 보게 될 테니까 말이야.

민주주의를 지키는 최후의 보루, 사법부의 독립

아무리 훌륭한 법이라도 사람들이 그 법을 무시하고 지키지 않으면 소용이 없어. 그럼, 법을 지키게 하려면 어떻게 해야 할까? 물론, 가장 좋은 방법은 '법 없이도' 정직하고 도덕적으로 살 수 있는 사람들의 태도일 거야. 아니면 각자가 법을 어겼다가는 벌을 받을 테니, 할 수 없이 법을 지키는 거겠지. 그리고 최소한 법을 어겼을 때는, 법에 정해진 대로 처벌을 받으면 되고 말이야.

하지만 법을 어기고도 처벌을 받지 않는다면 사람들은 그 법을 지키려고 하지 않을 거야. 또 사람에 따라 법을 어겨도 처벌을 받지 않는 사람이 있다면 그 역시도 사람들은 그 법을 지키려 하지 않게 되겠지. 모든 사람이 법 앞에 평등해야 한다고 믿으니까 말이야.

그래서 사법부를 민주주의의 최후의 보루(민주주의를 지키는 마지막 요소)라고 말하기도 한단다. 자유와 평등은 인간의 존엄성을 지키기 위해 반드시 필요하고 또 사람에게 가장 소중한 가치이기 때문이지. 그러니 사람의 가치를 가장 중요시하는 민주주의 국가에서 모든 사람이 법 앞에 평등하지 않다면 그 나라는 더 이상 민주주의 국가라고 인정할 수 없는 거란다.

3심제

같은 사건을 세 번까지 재판할 수 있는 제도예요. 법원에서 내린 판결이 억울할 경우, 다시 재판을 해 달라고 요청할 수 있어요. 그렇다고 계속 재판을 할 수는 없기 때문에 세 번까지만 재판을 할 수 있도록 정한 거예요. 단, 특수한 재판은 한 번 혹은 두 번만 재판을 하기도 해요.

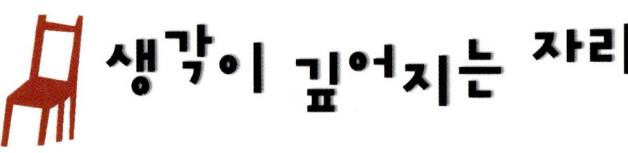

생각이 깊어지는 자리

김소팔 의원은 태풍으로 피해를 입은 사람들이 받아야 할 정부의 피해복구비를 거짓으로 받았습니다. 그러다 들통이 나서 재판을 하게 되자, 이번엔 의원의 큰형인 대통령이 재판을 담당할 윤소신 판사에게 자신의 동생에게 유리하게 판결을 내려 달라고 합니다.

• 여러분이 윤소신 판사라면, 어떤 판결을 내릴 건가요?

• 가끔 국회의원이나 장관, 대통령 등의 정치인이 법을 어겼다는 소식을 듣게 됩니다. 국민의 대표이고 권력을 가진 사람이니 용서해 줘야 할까요? 아니면, 일반 국민과 똑같이 재판을 받고 처벌을 받게 해야 할까요? 그 이유도 함께 말해 보세요.

- 국회의원이나 대통령 등 국민이 뽑은 대표자가 국민보다 더 지위가 높은 사람이라고 생각해서 그들의 말에 무조건 복종해야 한다고 생각하는 사람들이 있습니다. 여러분의 생각은 어떤가요?

이 은쟁반도 가져가시오.

장발장은 굶주린 조카들을 위해 빵가게에서 빵 한 조각을 훔쳤다. 그러다 잡혀 감옥에서 5년형을 받았지만 계속 탈출을 시도해 결국, 19년이나 갇혀 있었다. 감옥에서 나왔어도 전과자인 장발장을 받아들이는 사람은 아무도 없었다. 춥고 배고팠던 장발장에게 음식과 잠자리를 제공한 사람은 한 신부였다. 하지만 돈도, 직업도 없는 장발장은 신부의 은촛대가 탐이 났다.

'저것만 훔쳐서 팔면 당분간 먹고살 걱정은 없을 텐데.'

> 결국 장발장은 자신을 도와준 유일한 사람인 신부를 배신하고 은촛대를 훔쳐 달아났다. 그러나 곧 경찰에 체포되어 신부 앞으로 끌려왔다. 신부는 경찰에게 말하길 자신이 장발장에게 은촛대와 은쟁반을 주었는데, 장발장이 은촛대만 가져간 거라며 오히려 은쟁반까지 내어 주는데…….
>
> ─ 빅토르 위고,《레 미제라블》중에서

- 장발장이 빵을 훔친 죄를 지어 5년형을 선고받은 것에 대해 어떻게 생각하나요?

- 신부가 장발장을 위해 거짓말을 했습니다. 도둑질을 한 장발장을 도운 일은 잘한 일일까요? 여러분의 생각은 어떤가요?

- 만약 은촛대를 훔친 일로 장발장이 재판을 받는다면, 신부는 위증죄 (거짓으로 증언하는 죄)를 지은 것입니다. 신부에게 벌을 주어야 할까요?

나눌수록 좋은 것, 권력

2008년, 미국 오바마 대통령이 국회의사당
대법원장 앞에서 취임선서를 했다.
왜 국회의사당에서 대통령 취임식을 할까?
왜 대법원장 앞에서 선서를 할까?

대통령을 쫓아내자고?

"막아, 막으라고!"

"이거 놔, 놓으라니까!"

"비켜, 비키지 못해?"

"이게 무슨 짓이야? 당장 내려와!"

수십 명의 사람들이 서로 고함을 지르며, 뒤엉켰습니다. 팔을 잡아당기고 옷을 끌어당기며 몸싸움을 벌였지요. 밀쳐져서 계단에 넘어지는 사람, 사람들 사이를 뚫고 지나가려 몸부림치는 사람들…….

이곳은 우리나라의 법을 만드는 국회 본회의장의 모습입니다. 멋진 양복을 입고 삿대질을 하며 몸싸움을 하는 사람들은 국민의 대표 국회의원들이고요. 2004년 3월 12일에 있었던 일입니다.

당시, 노무현 대통령을 탄핵하려는 야당 국회의원들과 이를 막으려는 여당 국회의원들이 국회 본회의장에서 부딪힌 거였지요. 며칠 동안 야당 국회의원들은 국회 본회의장을 차지해서 대통령을 탄핵하려 했고, 여당은 그런 야당 국회의원들이 국회 본회의장에 못 들어오게 밤을 지새워 본회의장을 차지하려고 했지요. 결국 숫자가 적었던 여당 국회의원들을 모두 쫓아낸 후, 195명의 야당 국회의원들끼리 대통령 탄핵 찬반 투표를 했습니다. 그리고 193명의 찬성으로 대통령 탄핵이 결정되었지요.

야당 국회의원들은 노무현 대통령이 법을 어겨서 나라에 큰 혼란을 일으켰다고 주장했지요. 그래서 대통령 자격이 없다고 했어요.

역사상 최초로 벌어진 대통령 탄핵 사건에 온 국민은 충격을 받았습니다. 많은 국민들이 이 탄핵을 반대했지요. 대통령 탄핵을 반대하는 시위가 전국에서 벌어졌습니다. 이들은 대통령을 탄핵한 국회의원들을 비난하고 대통령을 지키려고 했어요. 하지만 이미 국회에서 대통령 탄핵이 결정되어 노무현 대통령은 대통령의 권한을 정지당했습니다. 이제, 헌법재판소의 최종 결정만 남은 상태였어요.

두 달 동안의 심사 끝에 2004년 5월 14일, 헌법재판소는 국회에서 대통령을 탄핵해야 한다고 주장한 이유들이, 대통령 자리에서 물러나게 할 만큼 중대하지 않다고 판결을 내렸습니다. 이로써 우리나라 최초의 대통령 탄핵 사건은 끝이 났습니다.

- -
● 국민의 최고 대표이며 나라의 수반인 대통령을 내쫓으려고 한 일은, 왕에게 절대 충성하고 왕이 나라의 주인이었던 시대의 사람들은 상상도 할 수 없는 일이지. '감히 살아 있는 왕을 내쫓으려고 하다니……'라며 까무러칠지도 몰라. 2004년에 있었던, 대통령 탄핵 사건은 우리나라가 민주주의 국가이기에 가능한 일이야. 물론 탄핵에 찬성하든 반대하든 상관없이 말이야.
- -

국가에서 가장 힘이 센 사람은 국민이야!

오늘날, 우리나라를 비롯한 대부분의 민주주의 국가는 국가의 주인인 국민이 직접 나라를 다스리지 않고, 국민이 뽑은 대표자들이 나라를 다스리지. 그런데 국민이 직접 나라를 다스리지 않는 것은 왕이 있던 시대와 똑같잖아. 만약, 왕이 다스리는 것과 대통령을 비롯한 대표자들이 나라를 다스리는 것이 같다면, 민주주의 국가라고 할 수 없지 않을까?

그 차이는 바로, 법에 의한 통치란다. 왕은 자기 마음대로 나라를 다스릴 수 있었지만, 민주주의 국가에서는 국가에서 하는 모든 일은 법에 정한 대로 해야 해. 아무리 대통령, 국회의원이라고 해도 자기 마음대로 할 수 없는 거지. 그 이유는 법을 만드는 사람이, 국민의 대표자인 국회의원이기 때문이란다. 국민의 뜻에 따라 법을 만드는 것이니 법으로 나라를 다스리는 것은 결국 국민의 뜻에 따라 나라를 다스리는 것과 마찬가지니까 말이야. 결국 나라의 주인은 대통령이 아니라 국민인 거지. 또

그렇기 때문에 아무리 대통령이라고 해도 국민의 대표자인 국회에서 판단했을 때, 큰 문제가 있다면 탄핵을 해서 내쫓을 수 있는 거란다.

권력은 서로 나눠야 해

앞에서 독재자에 대해 알아보았지? 그들은 국가의 모든 권력을 독차지하고 있었기 때문에 자기 마음대로 국민과 국가를 좌지우지할 수 있었어. 결국 국민은 자유와 권리를 빼앗기고 큰 고통을 받게 되었지. 그런 잘못된 일을 막기 위해 민주주의 국가는 '권력분립'을 한단다. 국가의 권력을 여럿으로 나누어 갖는 거지.

법에 따라 나라를 다스려야 하기 때문에 권력도 법과의 관계를 중심으로 나눈단다. 법을 만드는 힘을 가진 입법부(국회), 법에 정해진 대로 실제로 국가에 필요한 모든 일을 하는 행정부(대통령을 비롯한 정부), 법을 지키는지 어기는지를 판단하는 사법부(법원)로 나누지.

그리고 이 세 개의 기구는, 다른 기구들이 너무 큰 권력을 차지하지 못하도록 서로 막아서 균형을 이룬단다. 그럼, 어떤 방법으로 균형을 이루는 걸까?

입법부를 견제하라!

법은 입법부, 즉 국회가 법을 만드는 권력이 있다고 했지? 하지만 국회에서 결정한 모든 법률안이 실제로 법이 되는 것은 아니란다. 국회에서 자기들에게만 유리한 법을 만들 수도 있고, 지식이 부족해서 국민에게 피해를 주는 법을 만들 수도 있으니까 말이야. 그래서 국회의 법률안은 대통령이 '법으로 만들어도 좋다'고 승인을 해야 그 효력이 생겨. 이런 방법으로 행정부의 대표인 대통령은 입법부가 마음대로 권력을 휘두르지 못하도록 견제하는 거야.

또 입법부가 만들고 대통령이 승인한 법이라도, 그 법률이 헌법에 어긋나는지 감시를 해. 헌법은 국가에서 가장 중요한 법이거든. 그래서 사법부인 헌법재판소는 헌법에 어긋나는 법률은 없앨 수 있단다. 이 방법을 통해, 사법부는 입법부가 제대로 법을 만들도록 견제하고 있어.

사법부를 견제하라!

사법부에서 가장 중요한 자리는 대법관과 헌법재판관이야. 대법관과 헌법재판관이 되려면, 국회의 동의를 얻어야만 해. 이런 방법으로 국회는 사법부를 견제하는 거야. 자격이 부족한 사람이 대법관과 헌법재판관이 되는 것을 막는 거지.

사법부에서 재판을 할 때, 자신이 싫어하는 쪽에게 불리하게 판결을 내릴 수도 있고, 사람이기 때문에 실수를 할 수도 있지. 그래서 대통령(행정부)은 사법부에서 유죄 판결을 받은 사람의 벌을 면제해 줄 수 있어. 그것을 사면이라고 한단다. 이 방법으로 행정부는 사법부를 견제하는 거야.

행정부를 견제하라!

우리가 일반적으로 정부라고 부르는 것이 행정부를 가리킬 만큼, 행정부는 많은 일을 한단다. 행정부는 국민이 낸 세금을 이용해서 수많은 공무원들이 나라 살림을 하는 곳이야. 국민이 편안하게 살 수 있도록 복지를, 안전하게 살 수 있도록 치안을 담당하고, 나라를 지키는 국방 등의 일을 하지. 우리와 가깝게 있는 경찰, 주민센터의 공무원에서 장관, 대통령까지 모두 행정부에 속한 사람들이란다.

행정부가 하는 일이 많을수록 권한도 많이 가지고 그만큼 권력도 커지지. 그래서 민주주의 국가에서는 행정부를 견제하는 것을 중요하게 생각한단다.

국회는 행정부가 나라 살림을 잘했는지 검사를 해. 그리고 행정부의 관리, 즉 대통령과 장관 등이 법을 어기면, 그 사람을 자리에서 내쫓자고 결정할 수 있어.

사법부 역시 행정부를 견제하고 있어. 행정부에서 일을 하다 보면, 국회에서 만든 법으로는 부족하단다. 그래서 행정부는 명령과 규칙을 만들지. 물론 국민의 대표인 국회에서 만든 법률보다는 힘이 약하지만, 규칙과 명령 역시 지켜야 하는 힘을 가지고 있단다. 사법부는 입법부에서 법률을 만들 때처럼 행정부가 만든 명령, 규칙도 헌법에 어긋나는지 심사하고 헌법에 위배되면 그것을 없앤단다.

삼권분립은 국민의 자유와 권리를 위해!

대통령을 탄핵한 사건에서 알 수 있듯이, 국회가 대통령을 탄핵해도 그것을 최종적으로 결정하는 것은 헌법재판소, 사법부야. 이렇듯 국가에서 가장 중요한 일들은 입법부, 행정부, 사법부 중 어느 한 곳에서 마음대로 결정하고 행동할 수 없어.

이렇게 국가의 권력을 나누어서 서로를 견제하는 근본적인 이유는 무엇일까? 어느 한쪽이 더 많은 권력을 차지하거나 아예 독차지한다면, 그들이 국민의 권리와 자유를 빼앗아도 아무도 막을 수가 없어. 아, 앞에서 함께 살펴본 독재자가 떠오른다고? 맞아. 권력을 여러 개로 나누는 것은 국민의 자유와 권리를 빼앗고, 자기 마음대로 이용하려는 독재자를 막기 위해서야. 결국, 권력분립은 국민의 자유와 권리를 지키기 위해서란다.

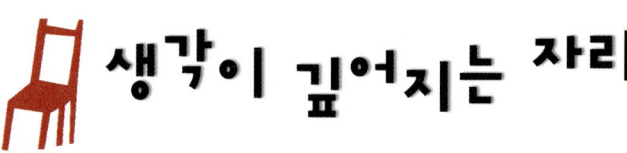
생각이 깊어지는 자리

민주주의 국가에서는 강력한 국가의 권력을 여러 개로 나누어 어느 누구도 독재를 못하게 막고 있어요. 우리나라에서는 입법부와 행정부, 사법부로 권력을 나누어서 서로를 감시하고 견제합니다. 이것을 삼권분립이라고 합니다.

- 왕이 있던 시대에는 왕이 가장 큰 권력을 가지고 나라를 다스렸습니다. 하지만 민주주의 국가는 국민이 뽑은 대표들이 나라를 다스립니다. 왕과 국민의 대표가 나라를 다스리는 것은 어떤 차이가 있을까요?

- '법치주의'란 법에서 정해진 대로, 나라를 다스린다는 뜻입니다. 만약 권력을 가지고 있는 사람들이 자기 마음대로 정치를 한다면 어떤 문제가 생길까요?

- 권력을 나누는 기준은 '법'입니다. 법을 만드는 권력(입법부), 법을 집행하는 권력(행정부) 그리고 법을 심판하는 권력(사법부)으로 나누지요. 왜 법을 중심으로 권력을 나누는 것일까요?

방탄조끼로 무장한 국회의원

국회의원은 국민을 대표하는 중요한 임무를 담당하고 있다. 그래서 국회의원은 특별한 권리를 갖는다. 그 중에 '불체포특권'이 있다. 국회는 기간을 정해서 입법부의 일을 처리한다. 그 기간 동안에는 국회의원이 현행범(범죄를 저지르고 있는 상황에서 경찰 등에 잡히거나, 범행을 저지른 직후에 잡힌 범인)이 아니라면 체포할 수 없다는 것이다. 또 국회의 일을 처리하는 기간이 아닐 때 국회의원이 법을 어겨 체포된 경우, 현행범이 아니라면 국회에선 석방하라고 요구할 수 있다.

그러나 안타깝게도 이것을 악용하는 경우가 있다. 국회의원들이 법을 어긴 동료 국회의원이 감옥에 가지 않게 막거나, 이미 명백한 죄를 지어 감옥에 갇힌 국회의원을 석방시키기 위해 특별한 이유도 없이 임시국회를 여는 것이다. 이것을 '방탄국회'라 하는데, 총알을 막는 방탄조끼처럼 처벌을 막아 준다고 해서 붙여진 이름이다.

국회의원들이 진정으로 국민을 위한다면 법을 어기지 말아야 한다. 또 법을 어겼다면, 일반 국민과 평등하게 그 대가를 치러야 할 것이다. 국민의 대표로서, 법을 만드는 국회의원이 법을 어긴 것도 모자라 그 죄에 대한 처벌조차 받지 않으려 하는 것이야말로 부끄러운 일이 아닐까?

-〈청어람 신문〉 이어람 기자

- 불체포특권의 기본 목적은, 국회의원이 권력을 가진 사람들의 눈치를 보지 않고 양심에 따라 소신껏 국민의 대표로서 입법부의 일을 할 수 있게 하려는 것입니다. 여러분은 국회의원에게 불체포특권을 주는 것을 찬성하나요? 아니면, 반대하나요? 그 이유는 무엇인가요?

- 친구가 법을 어겼다면, 여러분은 그 친구가 벌을 받지 않도록 도와줘야 할까요?

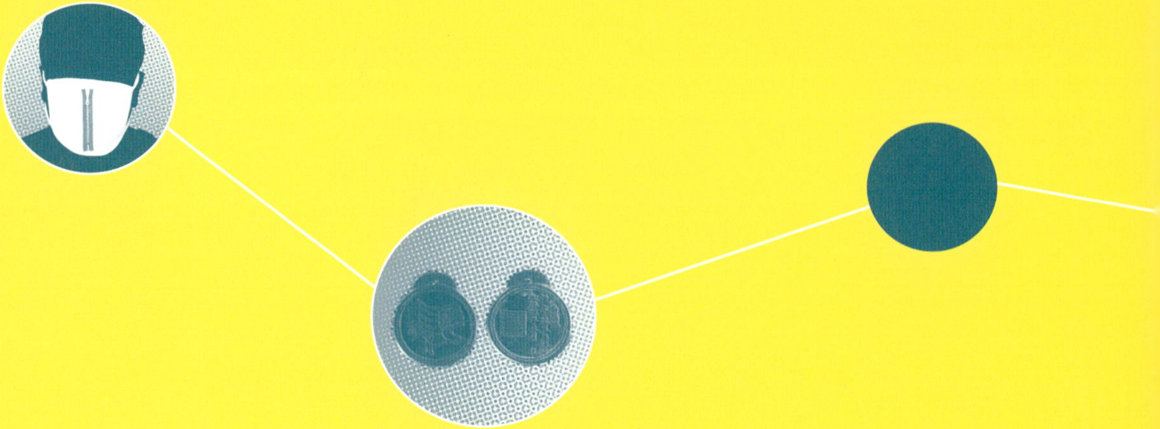

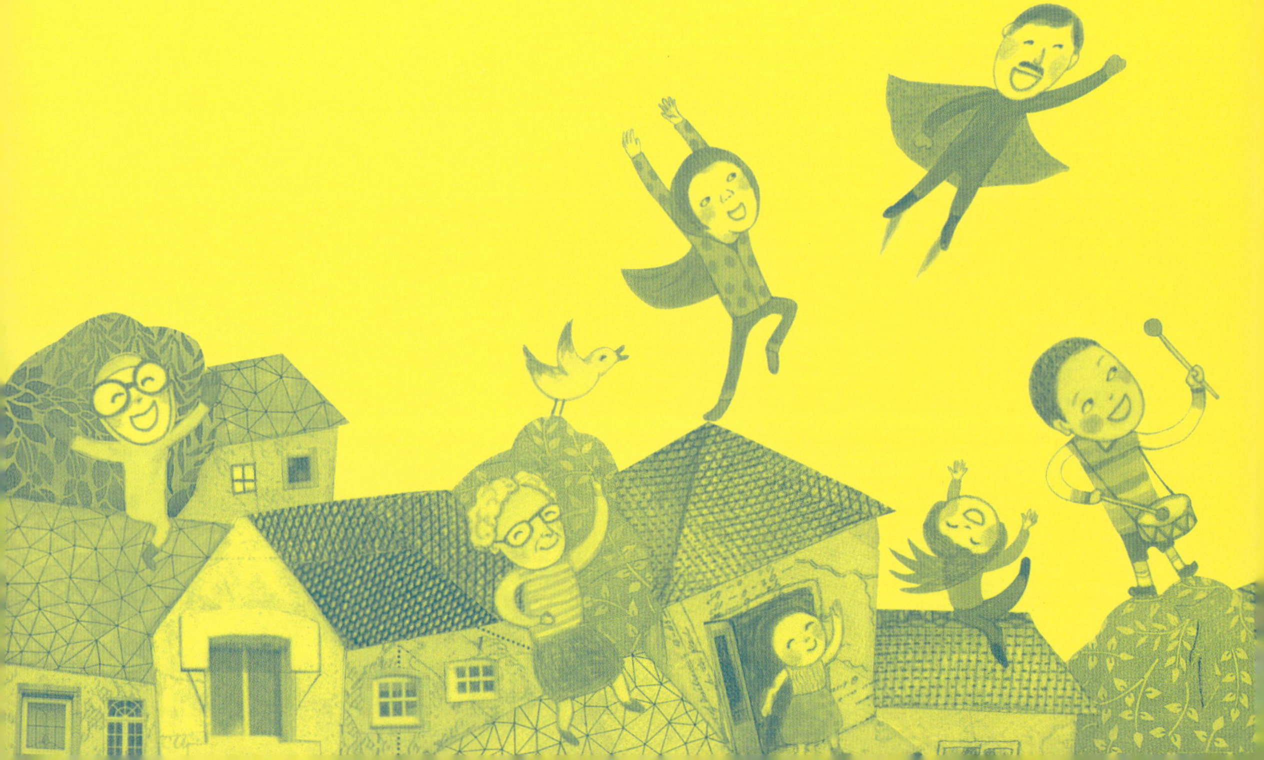

민주주의의 뿌리, 선거

내가 찍은 한 표,
그리고 당신이 찍은 한 표.
비록 한 표지만
그 표들이 모여 우리의 역사를 만듭니다.

왕을 원한 개구리들

울창한 숲 속에 큰 연못이 있었습니다. 그 연못에는 수천 마리의 개구리가 살고 있었습니다. 연못에는 먹이가 많아 개구리들은 배불리 먹고 서로 도우며 살았습니다. 하지만 개구리들에게는 큰 걱정거리가 있었습니다. 바로 숲에 사는 커다란 줄무늬 뱀 때문이었습니다. 줄무늬 뱀은 한 달에 한두 번씩 슬며시 연못으로 다가와 개구리를 꿀꺽 삼켜 버렸습니다. 개구리들은 언제 뱀이 나타날지 몰라 항상 불안에 떨어야 했습니다.

그러던 어느 날, 연못에 사슴 가족이 물을 마시러 찾아왔습니다. 다른 때 같으면 사자나 표범 같은 동물 때문에 겁에 질려서 연못물을 마실 때도 주위를 살피느라 불안해했던 사슴 가족이었습니다. 하지만 그날은 느긋하게 물도 마시고 이야기꽃도 피웠습니다.

"정말 늠름하고 멋진 갈기를 가진 사자 왕이셔. 한 번 소리를 쳤다 하면 온 숲이 쩌렁쩌렁 울리고, 달리기를 하면 그토록 날쌘 치타도 한순간에 잡아 버리지. 힘은 또 얼마나 장사인데……."

"어디 그뿐인가? 얼마나 현명하시고 마음씨도 따뜻하신데! 난 그분이 화내시는 것을 한 번도 본 적이 없다고."

"도대체 누구 얘기를 하는 거예요?"

"우리 사자 왕 말이오. 동물들이 직접 투표를 해서 아주 현명하신 사자를 대표로 뽑았지. 사자 왕은 '숲 속 동물은 모두 같은 국민이니 서로 잡아먹지 못한다'라는 법을 만들었다오. 그 덕분에 우리가 이렇게 맘 편하게 물도 마시고 잠도 푹 잘 수 있게 됐지."

사슴 가족의 자랑을 듣자, 개구리들도 자기들을 지켜 줄 대표를 갖고 싶었어요. 그래서 하느님에게 찾아가 부탁을 했습니다.

"개굴개굴. 저희도 왕을 갖고 싶습니다. 다른 동물들에게 자랑할 수 있는 멋진 왕을 보내 주세요."

하느님은 개구리들의 소원을 들어주기로 했습니다.

"이제부터 이 통나무가 개구리들의 왕이다."

나무토막은 '풍덩' 요란한 소리를 내며 연못에 떨어졌습니다. 그 소리에 개구리들은 깜짝 놀라 모두 숨어 버렸습니다.

한참이 지나도 나무토막이 움직이지 않자, 개구리들은 나무토막에 가까이 다가갔습니다. 나무토막은 바람에 출렁이는 연못물에 맞춰 살짝살짝 흔들리고 있었습니다. 그 모습이 인자한 왕의 모습처럼 보였습니다.

"우리들의 왕이시다. 만세, 만세! 나무토막 왕 만세!"

개구리들은 기쁨에 환호성을 질렀습니다.

나무토막은 햇빛이 쨍쨍할 때는 그늘을 만들어 주고 헤엄치다 지치면 타고 올라가 쉴 수도 있었습니다. 나무토막에 곤충들이 모이면서 개구리는 쉽게 먹이를 구할 수 있었습니다. 나무토막이 연못에 떠 있자, 줄무늬 뱀은 나무토막을 커다란 악어라 착각하고는 더 이상 연못에 오지 않았습니다. 이제 개구리들은 안심하고 살 수 있게 되었습니다. 하지만 연못의 평화는 오래가지 않았습니다. 개구리들은 아무 말도 하지 않고 명령도 하지 않는 왕이 그만 시시해져 버린 것입니다.

"쳇, 무슨 왕이 이래? 내가 그 위에 응가를 해도 꼼짝도 안 하잖아. 무엇보다도 숲 속의 사자 왕보다 폼이 나질 않아. 이 나무토막 때문에 다른 동물들이 우리 개구리를 우습게 보는 것 같다고."

"맞아, 멍청하게 덩치만 커서 연못에 자리만 차지한다고."

개구리들은 다시 하느님을 찾아갔습니다.

"저희에게 새로운 왕을 보내 주십시오."

"그래? 나무토막이 마음에 들지 않는다고? 그럼, 어떤 왕을 원하는지 말해 보아라."

"일단, 키가 크고 다리도 길어야 합니다. 피부는 백옥같이 하얗고 고와야 해요. 머리에는 멋진 황금 왕관을 쓰고 공부도 잘하고 힘도 센 왕을 보내 주십시오."

"무엇보다 다른 동물들에게 자랑할 수 있는 멋진 왕이 우리들의 왕이 된다면 소원이 없겠습니다."

하느님은 개구리들의 말이 마음에 들지 않았지만 이번에도 개구리들의 소원을 들어주기로 했습니다.

"그래. 너희가 원하는 왕을 다시 보내 주마."

개구리들은 연못으로 돌아와 옛 나무토막 왕을 구석으로 치워 버렸습니다. 그러고는 설레는 마음으로 새 왕을 기다렸습니다. 곧 새 왕이 나타났습니다. 멀리서 본 새 왕은 개구리들이 원하던 모습 그대로였습니다. 새 왕은 하얀 피부에 긴 다리, 번쩍거리는 황금 왕관을 머리에 쓰고 천천히 개구리들에게 다가왔습니다.

"저 멋진 모습 좀 봐. 걸음걸이도 어쩜 저렇게 우아할까?"

"드디어 우리도 다른 동물에게 자랑할 수 있는 멋진 왕이 생겼어."

개구리들의 새 왕, 황새가 말했습니다.

"내가 너희들의 왕이다."

개구리들은 황새 왕에게 헤엄쳐 가서 일제히 만세를 불렀습니다.

"만세, 왕이 오셨다. 만세!"

"어서 오십시오. 저희 개구리들은 새로운 왕을 환영합니다."

"그래. 그놈 참 통통한 것이 맛좋게 생겼군."

황새 왕은 부리로 개구리를 콕 찍어 삼켜 버렸습니다.

"이놈도, 저놈도, 요놈도…… 모두 다 통통하군. 으하하하, 아주 좋아!"

황새 왕은 개구리들을 닥치는 대로 잡아먹었습니다.

"으하하하. 내가 바로 너희들이 원하는 왕이다."

개구리들은 후회했지만 이미 때는 늦어 버렸습니다.

● 위의 이야기는 《이솝우화》에 나오는 〈왕을 원한 개구리들〉이야. 개구리들은 자유롭게 살았지만, 줄무늬 뱀 같은 위험 때문에 불안하게 살아야 했지. 그래서 자신들을 지켜 줄 대표자(왕)를 원했어. 그리고 나무토막 왕을 얻었지. 나무토막 왕은 개구리들을 지켜 주고 쉴 곳을 마련해 주었어. 그런데 개구리들은 아무 명령도 하지 않고 멋도 없는 나무토막 왕 대신 멋지고 힘센 왕을 새로 얻었지. 하지만 개구리들은 행복하지 않았어. 행복은커녕 오히려 황새의 먹이가 되고 말았으니까.

왜 대표가 필요할까?

개구리들이 자신들의 안전과 행복, 또 다른 동물들에게 모든 개구리들의 뜻을 대신 전할 대표를 원한 것은 현명한 생각이었어. 결국 모두 죽음을 당했는데 뭐가 현명한 생각이냐고? 개구리들의 불행은 대표를 뽑은 것이 아니라 어떤 대표자를 뽑아야 하는지 몰랐던 것이란다. 그것은 사람도 마찬가지야.

언제부터 대표를 뽑았는지는 알 수 없지만 대표는 부족장, 왕, 군주, 귀족, 대통령, 국회의원 등의 이름으로 오래전부터 있었어. 지금도 시민을 대신해 국가와 지역의 정치를 대신할 대표를 뽑고 있어. 대통령과 국회의원, 자치단체장과 지역구의원들 말이야. 학교에서는 학생들을 대표

할 학급 임원과 학생회장 등을 뽑고 있지.

　민주주의는 국민이 나라의 주인이고 직접 나라를 다스려야 하는데 왜 대표가 필요하냐고? 맞아, 그렇게 국민이 직접 정치를 하는 것이 가장 민주적인 방법이지. 그런데 수백, 수천 만 명이나 되는 국민이 한 장소에 모여 함께 정치를 하는 것은 불가능해. 또 정치를 하려면 법, 국방, 복지, 경제, 외교 등을 다 알아야 하는데, 모든 국민이 일상생활을 하면서 이 모든 것을 다 알 수도 없는 일이지. 그래서 사람들은 대표자를 뽑아서 대신 정치를 하게 했어. 바로 대의민주주의(간접민주주의)를 하는 것이지. 문제는 어떤 사람을 대표자로 선택하고, 어떻게 대표자를 뽑느냐란다.

어떻게 뽑을까?

우리나라를 비롯해 민주주의 국가들은 선거를 통해서 대표자를 뽑고 있어. 투표를 할 수 있는 권리가 있는 사람들이 정치를 대신 해 줄 대표자를 뽑는 거지. 학교에서 반장 선거, 회장 선거 때 투표를 해서 대표자를 뽑는 것과 같지. 그런데 선거는 '민주주의의 꽃'이라고 불릴 만큼 아주 중요하단다. 나라의 일에 국민이 직접 참여하는 대표적인 방법인 데다, 어떤 대표자를 뽑느냐에 따라 국민의 행복이 결정될 수 있기 때문이지. 그래서 선거를 하는 방법도 헌법으로 정해서 꼭 지켜야 할 만큼 아주 중

요하단다. 바로 '선거의 4대 원칙'이지.

선거의 4대 원칙은 '보통, 비밀, 평등, 직접' 선거를 말해. 이 중 어느 하나라도 지켜지지 않으면 진정한 민주주의 국가라고 할 수 없지. '보통, 비밀, 평등, 직접' 선거가 무엇이기에 그토록 중요하다는 건지 함께 알아볼까?

보통선거는 법으로 정한 나이가 되면 누구나 선거를 할 권리가 있음을 말해. 우리나라에서는 만 19세 이상이면 누구나 선거에 참여해서 투표를 할 수 있어. 여성이 선거에 참여할 권리가 없는 나라들은 보통선거를 하지 않는 거야.

비밀선거는 자신이 어떤 후보에게 투표했는지 알리지 않는 거야. 만약 어떤 후보를 뽑았는지 밝혀야 한다면, 정말 자신이 원하는 대표를 뽑기 어려울 수 있거든. 학교에서 반장 선거를 하는데, 가장 친한 친구가 후보로 나왔다고 해도 그 친구보다 더 반장 역할을 잘할 후보가 있다면 그 후보를 뽑을 거야. 그런데 친구가 이 사실을 알게 되면 서운해 할 수 있겠지. 혹은 성격이 거칠고 힘이 센 후보가 자신을 뽑지 않는 사람들을 괴롭힐 수도 있잖아. 그래서 비밀선거는 꼭 필요하단다.

평등선거는 선거에 참여할 권리가 있는 모든 사람에게 평등하게 한 표씩만 주는 거야. 돈이나 지식이 많은 사람, 이웃을 돕는 마음 좋은 사람, 성격이 거칠거나 욕심이 많은 사람이라도 상관없지. 만약 학교에서 선거를 하는데, '전에 학급임원을 했던 친구들은 2표씩 투표를 하고 나머지 친구들은 1표만' 투표를 한다면, 평등선거의 원칙에 어긋나는 거야. 불공평하니까 말이야.

직접선거는 반드시 자신이 직접 투표를 하는 것을 말해. 나를 대신해서 부모나 친구, 형제가 대신 투표를 할 수는 없단다. 대표는 자신을 대신해서 정치를 하는 사람이기 때문에 내가 원하는 사람을 직접 뽑아야 하는 거야.

누구를 뽑아야 할까?

대표를 뽑을 때는 현명하게 선택을 해야 해. 황새 왕처럼, 자신을 대표로 뽑아 준 사람들을 괴롭히는 대표도 있거든. 시민을 대신해서 정치를 하라고 했더니 시민을 속이고 자기 배만 채우는 대표도 있고, 시민의 자유와 권리를 빼앗고 자기에게 복종하게 억누르는 대표도 있어. 게다가 일단 대표로 뽑히고 난 다음에는 그 대표가 잘못을 해도 바꾸기가 힘들어. 개구리들이 황새 왕을 왕에서 쫓아내지 못한 것처럼 말이야.

그러니 대표자를 뽑을 때는 이것만큼은 꼭 생각해 봐야 해. 대표가 되

겠다고 나선 후보가 국가의 주인으로서의 내 권리를 대신해 줄 만큼 믿을 만한 사람인가? 책임감과 실력이 있는 사람인가? 그리고 후보의 공약(어떤 일을 하겠다는 약속)이 무엇인지, 공약을 잘 지킬 수 있는 사람인지 등을 잘 살펴봐야 해. 무엇보다 시민을 귀하게 여기는지를 말이야.

대한민국 최초의 보통선거

1948년 5월 10일, 대한민국 역사상 처음으로 국회의원을 뽑는 선거가 있었어요. 이 선거는 대한민국 최초의 선거였고, 동시에 21세 이상의 모든 국민이 참여하는 최초의 보통선거였습니다.

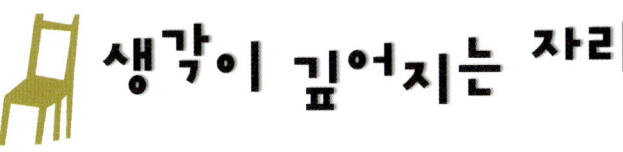
생각이 깊어지는 자리

여러분도 선거에 참여해서 대표자를 뽑는 투표를 한 경험도 있고, 자신이 대표자로 뽑힌 경험도 있을 것입니다. 그때를 떠올려 보고, 앞에서 소개한 〈왕을 원한 개구리들〉의 이야기도 떠올려 보세요.

- 여러분이 참여한 선거와 개구리들이 왕(대표자)을 뽑은 방법이 같나요?

- 만약 여러분이 개구리들에게 충고할 수 있다면, 개구리들에게 나무토막과 황새 중 어느 쪽을 대표로 뽑으라고 말하고 싶나요? 또 그 이유는 무엇인가요?

- 민주주의 국가는 '4대 선거 원칙'에 따라 대표를 뽑는 투표를 합니다. 개구리들이 왕을 뽑는 방법과 어떤 차이가 있나요?

- 여러분이 반의 대표, 반장이 된다면 반 친구들을 위해 어떤 일을 제일 먼저 하고 싶나요?

투표율 23.3%, 10명 중 2명이 투표!

2009년 3월, 청어람 초등학교에서 학생회장 선거가 열렸다. 청어람 초등학교의 전교생은 모두 천 명인데, 투표를 한 학생은 233명뿐이었다. 학생회장 후보는 심술쟁이와 게으름뱅이 두 명이었다. 학생회장은 130표를 받은 심술쟁이가 당선되었다. 천 명 중 130명의 지지를 받은 심술쟁이가 과연 청어람 초등학교를 대표하는 진정한 대표라고 할 수 있을지 의문이다.

다음은 일부 학생들이 투표를 하지 않은 이유에 대한 대답이다.

학생1 : 평소 심술쟁이는 선생님 몰래 학생들을 괴롭혔어요. 그런 후보가 나온 선거에 투표할 마음이 들지 않았어요.

학생2 : 심술쟁이도 게으름뱅이도 별로예요. 투표할 시간에 학원에 가는 게 낫겠어요.

자꾸만 낮아지는 청어람 초등학교의 학생회장 투표율, 어떻게 해결해야 할지 앞으로 고민해 보아야 할 문제이다.

-〈청어람 신문〉 이어람 기자

- 투표를 하지 않은 학생은 모두 767명입니다. 767명이 투표를 하지 않은 이유는 무엇일까요?

- 심술쟁이가 학생회장이 된 후, 학교생활이 어떻게 변할지 상상해 보세요.

- 내가 원하는 후보가 없을 경우, 아무에게나 표를 주는 것이 바람직할까요? 아니면, 투표를 포기하는 것이 바람직할까요? 그렇게 생각하는 이유를 말해 보세요.

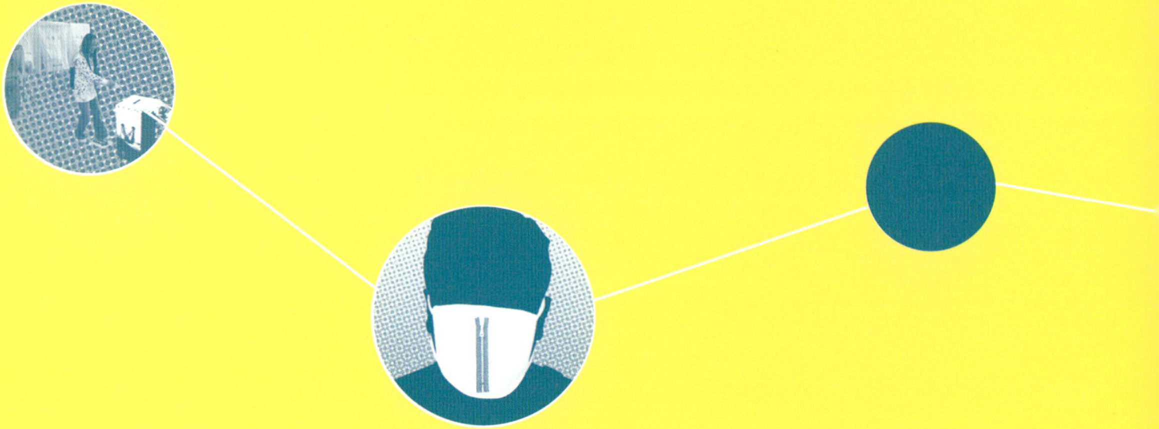

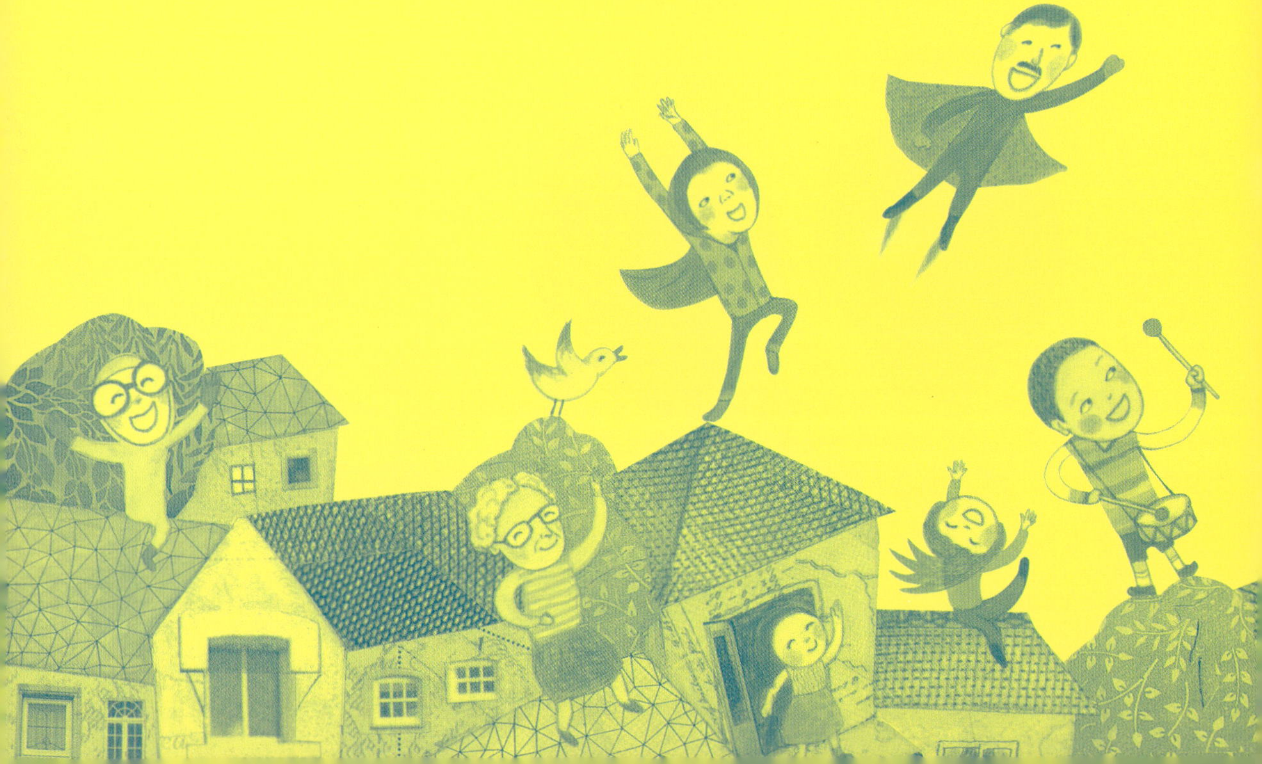

권력을 감시하는 기구들

"암행어사 출두요!"
암행어사가 두려우십니까?
그럼, 당신도 마음대로 권력 좀 휘두르셨군요.

누가 사또 마음대로래?

누구요? 나를 이리 애타게 부르는 게. 오호라, 남원 사는 백성들이구려. '억울하다, 못살겠다' 밤낮으로 부르짖는 그대들 목소리에 내 귀가 근질근질하다 못해 너덜너덜해질 지경이오.

가오, 가오. 어찌나 급히 가는지, 나뭇가지에 도포자락이 걸려 찢어지고, 돌부리에 채여 짚신 사이로 나온 발가락이 시퍼렇게 피멍이 들었소.

안 그래도 백성들이 '암행어사, 거지어사'라고 부르는데, 대체 이 꼴이 무엇인지. 누가 나를 장원급제한 선비로 보겠소? 다 떨어진 갓에, 때가 꼬질꼬질한 옷 꼴을 보시오.

그래도 독한 수령 밑에서 억울하게 이리 뜯기고, 저리 뜯기는 백성들을 생각하면 이깟 고생쯤이야 아무것도 아니지. 암행어사가 떴다 하면,

죄 있는 수령은 두 다리가 덜덜덜, 억울한 백성들은 신이 나서 어깨춤이 덩실덩실. 내 그 맛에 오늘도 이 거지꼴을 하고, 몰래 고을마다 다니는 거라오.

자, 보자. 여기가 남원 땅이구나. 내가 남원을 떠난 지 몇 해나 되었지? 벌써 5년이로구나. 춘향이는 잘 있을까? 영원히 헤어지지 말자 새끼손가락 걸고 약속했건만, 출세하겠다는 욕심에 뿌리치고 서울로 떠났었지. 아직도 춘향이가 날 기다리고 있을까? 보고 싶구나, 춘향아!

아니지. 내가 춘향이 생각에 빠져 있을 때가 아니다. 남원 땅 수령인 변 아무개가 성격이 포악하고, 욕심이 많다는 소문이 자자하던데 말이야. 어디, 주막에 들러 사람들 얘기부터 들어볼까?

"이보시오, 주모, 여기, 막걸리 한 사발이랑 김치 좀 주소."

"하이고, 이게 웬 거지야. 막걸리 먹을 돈은 있소?"

"어허, 이 주모 말하는 것 좀 보게. 누굴 보고 거지라는 거요? 여기 짤랑거리는 엽전 소리가 안 들리오?"

"오호호. 내 귀가 어두워 그 소릴 못 들었네. 선비님, 이제 보니 얼굴에 귀태가 잘잘 흐릅니다 그려."

"됐고. 이 마을 수령이 어질고, 현명해 고을 사람들이 살기가 좋다던데, 정말이오?"

"뭐라고요? 누가 그딴 헛소리를 합니까? 이보시오, 최 씨. 여기 와서 이 물색없는 선비님한테 고을 사정 좀 얘기해 주소."

최 씨라, 대낮부터 주막에 앉아 막걸리 사발을 들이켜고 있는 걸 보니, 뭔가 억울한 게 많은가 보구나. 게다가 저 댓 발이나 나온 입을 보니, 할 말도 많겠구먼.

"최 씨라 했소? 어디, 고을 사정 좀 들어봅시다. 내가 들은 소문이 잘못됐소?"

"이보시오, 거지 선비님. 어디서 그런 헛소문을 들었소? 그래, 선비님 눈엔 이 고을이 살기 좋아 보이시오? 살기 좋은 고을이면 왜 젊은 놈이 대낮부터 여기 앉아 술이나 푸고 있겠소."

"거참, 속 시원히 말해 보시오."

"그러지요. 까짓것 동네방네 다 말하고, 감옥에 가면 될 것 아닌가? 우리 고을 변 사또로 말하자면……."

속닥속닥, 투덜투덜.

"뭐요? 정말 백성들을 그렇게 못살게 괴롭힌다는 거요? 어허, 내 듣다 듣다 이리 포악한 수령은 처음이오."

"그뿐인 줄 아시오? 춘향이라고 우리 고을 절세미인이 있지요. 변 사또가 춘향이랑 결혼을 하려다 춘향이가 말을 안 들으니 그만 옥에 가두지 않았소? 아이고, 나쁜 놈."

무어라? 춘향이를 옥에 가둬? 변 사또, 내 너를 용서하지 않겠다. 뭐, 사사로운 감정 때문이 아니다. 들어 보니, 네 죄가 한둘이 아니라서 그런다.

"이보시오, 최 씨. 부탁이 하나 있소. 먼저, 이걸 좀 보시오."

"흡, 이건? 마…… 마패? 그럼, 거지 선비님이 암…… 암행…….."

"쉿! 조용히 하시오. 말이 새어나가면 안 되오. 지금 관아 앞으로 고을 사람들을 데리고 올 수 있겠소?"

"물론입니다요. 거지 선비…… 아니, 선비님."

휑하니 달려가는 최 씨 뒤꽁무니를 보니, 신바람이 절로 나는구나. 오늘 밤 남원 사람들은 다리 쭉 뻗고 자겠구나. 변 사또인지, 변 아무개인지 기다려라! 자, 관아 앞으로 슬슬 가 볼까?

"여러분, 다들 모이셨소? 함께 외쳐 주시오. 하나, 둘, 셋!"

"암행어사 출두요!"

허허, 귀청 떨어지겠네. 사흘 동안 피죽 한 그릇 못 먹은 것처럼 비실비실한 사람들이 목청은 좋구먼. 그동안 변 사또한테 당한 게 오죽이나 많았으면……. 조금만 기다리시오. 변 사또 죄를 낱낱이 밝혀 곤장을 땅땅 때려 줄 테니.

"남원 수령 변 아무개는 들어라. 나, 암행어사 이몽룡은 전하의 명을 받들어, 네 잘잘못을 따지러 왔느니라. 얼른 내려와 엎드리지 못할까?"

"아이고, 아이고. 암행어사 나리. 제가 뭔 잘못을 했다고 이러십니까요? 저같이 훌륭한 수령은 눈 씻고 찾아봐도 없습니다요."

"네 이놈. 어디 입에 침도 안 바르고 거짓부렁이냐. 네 피둥피둥한 얼굴을 보니, 그동안 얼마나 백성들을 괴롭혀 왔는지 알겠구나. 네 죄를 하나하나 말해 주랴? 첫째, 약혼자가 있는 춘향이를 욕심내고, 옥에 가둔 죄! 둘째, 마음대로 세금을 올려 받은 죄. 셋째, 최 영감의 집을 강제로 빼앗은 죄. 넷째, 네 험담을 했다는 이유로 백성들을 옥에 가둔 죄. 다섯째, 빼앗은 재물로 금옷을 지어 입으며 사치한 죄. 여섯째, 카메라를 설치하여 백성들을 감시한 죄. 내가 입이 아파 더 말할 수가 없구나."

"아이고, 아이고. 잘못했습니다요. 한번만 용서해 주십시오."

"손이 발이 되도록 싹싹 빌어도 소용없다. 빼앗은 재물은 다시 돌려주고, 억울하게 갇힌 사람들은 풀어 주도록 하라. 그리고 변 사또에게는 곤장 백 대를 때리고, 옥에 가두도록 하라!"

흐흐, 이때가 제일 속이 후련하지. 네 이놈, 이때까지 백성들이 흘린 눈물을 생각하면 이 정도는 아무것도 아니다. 기뻐하는 백성들 얼굴을 보니, 그동안 고생하며 돌아다녔던 게 말끔히 씻기는 것 같구나. 부디, 다음 수령은 백성들을 잘 보살피는 어진 사람이어야 될 텐데…… 참참참, 춘향이! 춘향이는 어디 있나? 춘향아, 이몽룡이 돌아왔다. 춘향아!

● 이 이야기는 〈춘향전〉에 나오는 이몽룡이 암행어사가 되어 활동하는 모습을 새롭게 꾸며 본 거란다. 〈춘향전〉에서 뭐니, 뭐니 해도 가장 신나는 장면은 누추한 차림으로 나타났던 이몽룡 도령이 암행어사로 떡하니 변신해서 나쁜 변 사또를 혼내 주는 장면일 거야. 이 고을, 저 고을로 다니면서 백성들을 괴롭히는 나쁜 관리는 벌을 주고, 착한 백성들에게는 상을 내려 주었던 암행어사. 그래서 마음대로 권력을 휘두르는 수령들 밑에서 고생하던 백성들은 암행어사를 가뭄에 단비처럼 기다렸단다.

관리를 감시하는 관리

암행어사는 감찰제도의 하나란다. 감찰제도는 관리를 감시하고, 감독하는 제도야. 나랏일을 맡은 관리들이 일을 잘하는지, 또 나쁜 일을 저지르지 않는지 살펴서 잘못된 점은 고치게 하고, 좋은 점은 칭찬하는 거지.

관리들을 뽑아 놓고 그냥 내버려둔다면, 나랏일을 한다는 핑계로 백성들의 재물을 빼앗거나, 세금을 마음대로 거둘 수도 있어. 그래서 우리나라에서는 옛날부터 관리들이 권력을 마음대로 사용하지 못하게 감시하는 감찰제도가 있어 왔단다.

멀리 신라시대에는 사정부라는 기관이 있었고, 고려와 조선시대에는 사헌부라는 기관이 있었지. 조선시대 사헌부에는 감찰이라는 지위가 있어서 관리들의 잘못을 찾아냈어. 그리고 지방에서는 관찰사가 자기가 맡은 지역의 수령들을 살펴보는 역할을 했어. 강원도 관찰사라면, 강원도 안에 있는 고을의 수령을 감독하는 거야.

그런데 관찰사가 있어도, 아주 작은 고을의 관리까지 감시하는 데는 아무래도 한계가 있었단다. 그래서 나라에서는 암행어사 제도를 만들어, 지역마다 몰래 돌아다니면서 관리들을 살피게 한 거지.

신분을 숨긴 채 돌아다니면서 백성들의 목소리를 귀 기울여 들으면 아무래도 수령들의 행태를 더 잘 판단할 수 있었을 거야. 하지만 암행어사에게는 어려운 점도 많았어. 먹고, 입고, 자는 것이 변변찮아 암행어사를 하는 동안 병에 걸린 사람도 있고, 수령에게 벌을 주었다가 나중에 보복을 당하는 사람도 있었지. 어떤 때는 암행어사로 나간 사람이 죽임을 당한 경우도 있었다고 해. 그만큼 남의 잘못을 감시하고, 공정하게 처벌을 내리는 일에는 어려움이 따른단다.

지금의 감찰기관, 감사원

감사원은 사회복지 업무에 대한 특별감사를 실시한 뒤, 사회복지 담당 공무원이 몇 년 동안 사회복지 보조금을 빼돌린 사실을 발견하고, 경찰에 수사를 의뢰했다.

신문에 이런 기사가 실린 적이 있단다. 장애인이나 홀로 사는 노인에게 가야 할 돈을 공무원이 빼돌린 사실을 감사원이란 곳에서 알아냈어. 그럼, 감사원은 무슨 일을 하는 곳일까?

감사원은 조선시대의 사헌부와 같은 오늘날의 감찰기관이야. 물론 그 때와 하는 일이 똑같지는 않지만, 나라 일을 맡은 사람들을 살펴보고, 잘못을 바로잡는 일을 한다는 점에서 그 의미는 다르지 않단다.

감사원에서 어떤 일들을 하는지 좀더 구체적으로 살펴볼까?

첫째, 감사원은 정부가 계획대로 세금을 거두고, 사용할 곳에 정확하게 사용했는지 살펴보는 일을 맡고 있어. 정부는 나라살림을 하기 위해서 한 해 동안 사용할 돈이 얼마인지, 국민들에게 얼마나 세금을 거두어야 하는지 미리 계획을 짜는데, 이걸 예산이라고 해. 감사원은 한 해가

지나면, 정부가 예산에 맞게 세금을 잘 사용했는지 계산해 보고, 대통령과 국회에 알리고 있단다.

둘째, 국민의 세금으로 운영하는 국가기관이나 단체가 돈이나 물품을 잘 사용하고 있는지 살펴보고 있어. 국방부, 교육부 같은 국가기관이나 한국전력공사, 토지공사 같은 국가투자기관 등은 모두 국민의 세금으로 운영되는 곳이야. 그래서 돈이나 물품을 사용할 때 잘못이 없는지, 제대로 사용했는지 살펴보아야 하는 거란다.

셋째, 국가기관과 공무원이 일을 제대로 하고 있는지도 살펴보고 있지. 국가기관이나 공무원의 역할은 국민들이 생활하는 데 불편이 없도록 도와주는 거야. 국가기관이나 공무원 역시 국민이 낸 세금으로 일을 하고, 월급을 받기 때문에 일을 제대로 하지 않거나, 자신의 이익을 위해서 부정을 저지르는 일이 없어야 한단다.

감사원은 감사를 해야 할 기관이나 단체가 있으면, 서류를 받아서 검사하거나, 직접 현장으로 나가 서류를 보고 공무원을 만나서 감사하기도 해. 감사원의 임무는 잘못된 점을 찾아내서, 바로잡는 일이기 때문에 무엇보다도 공정한 태도를 유지하는 것이 중요하지. 감사원이 잘못을 눈감아 주거나, 잘못이 있는데도 감사를 하지 않는다면 그 피해는 고스란히 국민들에게 돌아오게 된단다.

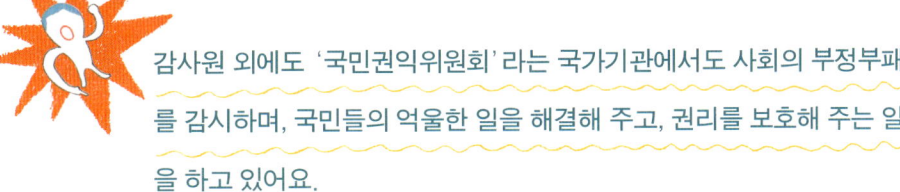

감사원 외에도 '국민권익위원회'라는 국가기관에서도 사회의 부정부패를 감시하며, 국민들의 억울한 일을 해결해 주고, 권리를 보호해 주는 일을 하고 있어요.

우리가 바로 암행어사

옛날에 암행어사는 작은 짐 보따리 하나만 가지고 전국을 돌아다녔어. 그 짐 안에는 유척이라는 자가 있었는데, 그 자로 관가에서 사용하는 곡식을 재는 저울이나 그릇의 크기를 재어 보았지. 옛날에는 세금을 곡식으로 거두었기 때문에 나쁜 관리들이 저울이나 그릇의 크기를 다르게 해서 곡식을 많이 담기게 해 놓는 경우가 있었어. 그래서 암행어사는 유척을 가지고 다니며, 백성들을 속여 세금을 많이 거두는 관리가 없는지 감시했단다.

오늘날은 감사원이 국가기관이나 공무원들이 일을 잘하고 있는지, 세금이 바르게 쓰이고 있는지 살펴보는 일을 하지만, 옛날의 암행어사처럼 작은 문제까지 구석구석 놓치지 않고 보는 데는 한계가 있단다.

그럼, 나라에서 암행어사 제도를 다시 만들어 주면 좋겠다고? 아니, 잠깐만. 우리는 조선시대 사람들에게는 없는 특별한 자격이 있잖아. 바로, 한 사람 한 사람이 나라의 주인이기 때문에, 나라가 잘못하는 일이 있다면 나서서 잘못을 지적하고, 바로잡아 달라고 말할 권리가 있지. 그러니까 너와 나, 모두가 암행어사가 될 수 있는 거야.

'함께하는 시민행동'이라는 시민단체가 있어. 이 단체에서는 2000년부터 '밑 빠진 독 상'이라는 재미있는 이름의 상을 예산을 낭비한 정부 기관이나 단체에 수여하고 있단다.

밑이 빠진 독에 물을 부으면 어떻게 되니? 물이 차지 않고 밑으로 다 새어 버리지. 그것처럼 국민들이 낸 세금으로 아무런 성과 없는 일을 했거나, 또 세금을 허투루 쓰는 경우에 '밑 빠진 독 상'을 주는 거야. 그동안 하수처리장 공사를 부실하게 해서 예산을 낭비한 서울특별시, 출장을 다녀온 것처럼 꾸미고 출장비를 탄 공무원 등을 찾아내서 이 상을 수

여했단다.

또 이 단체는 나라에서 벌이는 사업 중에 필요 없는 사업은 없는지 조사해서 발표하고, 세금을 낭비하는 기관이나 단체를 발견하면 감사원에 감사를 청구하는 일도 하고 있어.

이렇게 시민단체를 구성해서 감시를 하거나, 시민 한 사람 한 사람이 암행어사가 되어 나라살림을 눈여겨보고 잘못을 지적한다면 국민들을 속이고 부정을 저지르거나 권력을 함부로 사용하는 일은 쉽지 않겠지.

시민들이 나서서 더욱 적극적으로 권력을 견제하고, 권리를 지키는 활동은 다음 장, 〈시민의 정치 참여〉에서 더 자세히 살펴볼 거야.

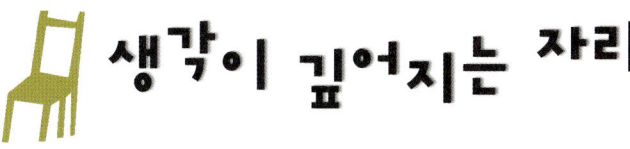

생각이 깊어지는 자리

남원 백성들은 수령의 횡포에 꼼짝도 못하고, 그저 당하고만 있었습니다. 수령은 마음대로 세금을 거두고, 불만이 있는 사람은 옥에 가두면 그만이었지요. 백성들은 그런 수령을 혼내 줄 암행어사를 기다렸습니다. 옛날 사람들에게 암행어사란 어떤 의미였는지 생각해 보고, 또 오늘날의 우리 사회와도 비교해 보세요.

- 암행어사는 어떤 일을 하는 사람인가요?

- 암행어사가 필요한 이유는 무엇이었나요? 암행어사가 출두하지 않았다면 남원에서는 어떤 일이 생겼을까요?

- 남원 백성들은 왜 수령의 횡포에 맞서지 못했을까요? 만약 오늘날 변 사또처럼 마음대로 권력을 사용하는 시장이나 공무원이 있다면 우리는 어떻게 해야 할까요?

- 내가 암행어사가 되었다고 상상해 보세요. 학교나 학급 안에서 잘못된 점은 없는지, 고쳐야 할 점은 없는지 살펴보세요. 또 암행어사가 되어 칭찬을 해 주거나, 상을 주고 싶은 친구는 없는지도 살펴보세요.

〈해외 뉴스〉 브라질의 주민 참여 예산제를 소개한다!

브라질의 항구도시, '포르투알레그레'에는 주민들이 직접 모여 시의 예산을 어떻게 사용할 것인지를 결정하는 제도가 있습니다. 바로 '주민 참여 예산제'입니다. 이 제도는 1989년에 처음 시행되었습니다.

주민들은 먼저 총회를 통해서 예산을 어디에 쓰면 좋을지 의견을 냅니다. 그러면 주민의 대표들이 다시 모여서, 나온 의견 중에 먼저 시행해야 할 것을 정합니다. 어떤 지역에 학교를 지을지, 복지관을 지을지, 도로를 놓을지 중요한 순서대로 결정하는 것입니다. 이렇게 결정된 사항을 시 의회에 제출하고, 시민들은 시에서 주민들의 의견을 받아들여 예산을 잘 사용하는지 지켜보게 됩니다.

참여 예산제를 통해서 주민들이 자신들의 목소리를 내면서, 주민 모임도 활발해졌습니다. 주민회를 비롯해서 축구나 삼바 같은 취미활동을 하는 모임까지 주민들이 스스로 조직하고 운영하는 모임이 늘어난 것입니다.

포르투알레그레는 '민주주의의 도시'로 불리며, 세계 여러 나라에 본보기가 되고 있습니다. 스페인, 프랑스, 우루과이, 캐나다 등에서도 주민 참여 예산제를 도입해서 시행하고 있습니다. 우리나라도 2004년 6월 광주광역시 북구를 시작으로 열 개 지역에서 실시하고 있습니다.

-〈청어람 신문〉 이어람 기자

- 주민 참여 예산제는 주민들이 직접 예산을 어떻게 사용할지 결정하는 제도입니다. 이 제도를 시행하면 좋은 점은 무엇이 있을까요?

- 우리나라에서도 '주민 참여 예산제'를 시행하는 지역이 있습니다. 인터넷을 통해 어떤 지역에서 주민 참여 예산제를 시행하는지 조사해 보세요. 내가 살고 있는 곳에서도 이 제도가 시행되고 있나요?

- 학교에서도 한 해 동안 사용하는 예산이 있습니다. 학교의 예산을 어디에 사용하면 좋을까요? 도서실에 책을 구입할 수도 있고, 운동장에 연못을 만들 수도 있겠지요. 여러분에게 꼭 필요한 시설이나 물건을 생각해서 의견을 내 보세요.

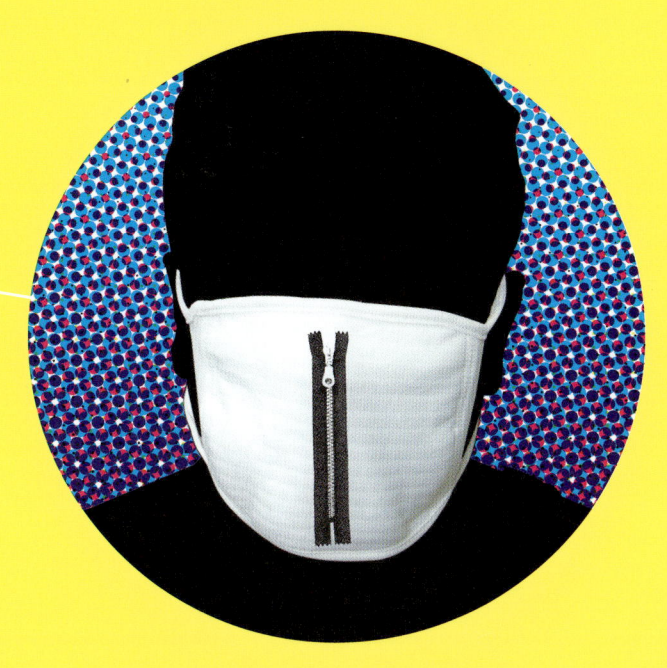

민주주의를 지키는 방패, 언론

"임금님 귀는 당나귀 귀!"
아무리 말 못 하게 막아도, 진실은 밝혀지지요.
우리에게 말할 자유를 주세요.

별명은 악어

2008년 7월, 로마에 30만 명의 사람들이 모였습니다. 그들은 모두 한목소리로 외치고 있었습니다.

"악어를 막아라!"

"이탈리아의 민주주의를 지키자!"

그들이 말하는 악어는 바로, 이탈리아의 총리 베를루스코니입니다. 베를루스코니는 벌써 세 번째 총리에 당선되었습니다. 그만큼 선거 때 많은 이탈리아인들의 지지를 받은 것이지요. 그런데 왜 그의 별명은 모든 것을 덥석, 덥석 삼켜 버리는 입이 큰 악어일까요? 왜 이탈리아에서는 민주주의가 위험하다는 목소리가 나오는 것일까요?

베를루스코니는 성공한 사업가였습니다. 세 개의 상업방송국을 가지고 있고 라디오, 신문도 경영했습니다. 출판사, 영화사도 있고, 유명한 축구단도 가지고 있습니다.

베를루스코니는 처음 정치를 시작했을 때 이렇게 말했지요.

"나는 성공한 사람입니다. 여러분들도 성공할 수 있어요!"

이탈리아 사람들은 환호했습니다. 기업을 잘 경영한 것처럼 나라도 잘 경영할 수 있을 거라고 생각했으니까요.

그런데 이탈리아 사람들은 한 가지 중요한 사실을 잊고 있었습니다. 베를루스코니가 방송국과 라디오, 신문을 가지고 있는 언론재벌이라는 것을요.

베를루스코니의 방송국, 라디오, 신문들은 그가 하는 일에 제대로 된 비판을 하지 않았습니다. 좋은 점만을 크게 비춰 주었지요.

베를루스코니는 정치를 하려면 언론이 중요하다는 것을 알았습니다. 그래서 총리에 당선되자 이탈리아 최고의 방송국인 라이(RAI) 방송국이 자기의 말을 잘 듣도록 길들여야겠다고 생각했지요.

"라이 방송국의 중요 자리를 정부 쪽 사람들로 채우시오. 정부에 불리한 방송을 하지 못하도록 말이오."

라이 방송국의 뉴스는 점점 정부의 눈치를 보게 되었습니다. 이렇게 베를루스코니는 이탈리아 언론을 거의 장악하게 되었습니다.

언론들은 그를 비판하는 기사를 내보내기가 두려웠습니다. 그의 마음에 들지 않는 기사를 쓴 기자가 해임되고, 비판하는 프로그램이 없어지는 것을 보았으니까요.

"정부 정책을 나쁘게 말하는 기사를 써도 될까? 그러다 신문사에서 잘리면 어떡하지? 에잇, 문제점도 있지만 좋은 점이 더 많다고 쓰자."

옳은 목소리를 내려다가도 슬며시 내려놓을 수밖에 없었습니다.

베를루스코니는 세 번째 총리에 당선된 뒤, 새로운 법을 만들었습니다. 바로 '면책법'이라는 것입니다.

"나처럼 나라에 중요한 일을 하는 사람이 작은 죄를 지었다고 벌을 받는 건 옳지 않소! 그래서 나를 포함해 나라의 주요 인사 네 명에게는 죄를 묻지 않는 법을 만드는 것이 좋겠소!"

베를루스코니는 뇌물을 받은 일, 세금을 안 낸 일로 재판을 받느라 한동안 골치가 아팠습니다. 그래서 이런 황당한 법을 생각해 낸 것이지요.

죄를 지어도 벌을 받지 않는다는 법은 결국 국회에서 통과되었습니다. 이런 일이 일어나는 동안에도 언론들은 입을 꾹 다물고 있었습니다.

꿀꺽꿀꺽, 악어가 커다란 입을 벌려 국민의 눈과 귀를 하나씩, 하나씩 집어 삼키는 동안 이탈리아는 이렇게 변하고 말았습니다.

하고 싶은 말이 있어도 입 밖에 내기가 두려운 나라.
잘못된 일을 잘못이라고 말하지 못하는 나라.
법 앞에 모두가 평등하지 않은 나라.
그래서 민주주의의 뿌리가 흔들리는 나라.

- 이탈리아의 총리 베를루스코니는 정당한 선거를 통해 당선되었어. 하지만 이탈리아 사람들은 그가 언론을 장악하고, 반대하는 목소리를 내지 못하게 하기 때문에 민주주의가 흔들리고 있다고 생각해. 언론이 자유로울 때 민주주의도 꽃필 수 있거든. 지금부터 언론이 민주주의와 어떤 관련이 있는지, 언론과 권력이 손을 잡으면 어떤 일이 벌어지는지 알아보자.

언론이란?

"오늘 신문을 봤더니, 초등학교 급식에 문제가 많대. 값싼 재료를 쓰고, 위생 상태도 좋지 않아서, 어린이들이 식중독에 걸릴 위험이 있다더군."

"9시 뉴스를 말씀드리겠습니다. 정부는 물 부족을 해결하기 위해 댐을 건설하기로 했습니다."

내가 사는 마을에서, 정부나 국회에서, 멀리 다른 나라에서는 매일같이 새로운 일이 일어나. 우리는 그런 일을 방송이나 신문, 또 잡지를 통해 알게 되지.

이렇게 방송이나 신문, 잡지 등이 세상에서 일어나는 일을 전해 주는 활동을 언론이라고 말해. 언론을 통해 내 주변에 어떤 일이 일어나고 있는지, 그 일이 나에게 어떤 영향을 주는지 알게 된단다.

예를 들어 언론이 초등학교 급식에 문제가 많다고 말했을 때, 많은 학부모나 학생은 불안한 마음이 들겠지. 그래서 내가 다니는 학교의 급식

　은 어떤지 알아보게 되고, 또 문제점을 고쳐 달라고 요구하게 될 거야.

　언론은 일어난 일을 그냥 전해 주는 역할만 하지 않아. 어떤 때는 정부가 하는 일을 비판하고, 잘못된 점을 적극적으로 알리기도 하지. 만약 정부에서 댐을 건설하기로 했다면 그 이유는 무엇인지, 댐 건설을 하면 좋은 점, 나쁜 점은 무엇인지도 알려 주는 거야.

　또 권력을 가진 사람이나 기업의 비리를 파헤치는 일도 해. 이 모두가 우리가 사는 세상을 건강하게 만들기 위해 언론이 해야 하는 일이지.

언론을 손에 넣으려는 사람들

만약 누군가가 언론을 꽉 움켜쥐고, 제대로 말할 수 없게 한다면 어떤 일이 생길까?

"정부가 하는 일에 대해 나쁘게 방송하지 마시오."

"기업의 일을 알려고 하지 마시오. 더 파헤치면 크게 다칠 겁니다."

언론이 정부나 어떤 기업의 편에 서서 방송을 하고, 기사를 쓴다면 국민들은 정치가 제대로 되고 있는지 알 수 없게 될 거야. 또 사회의 나쁜 점을 파헤치지 못한다면 그 속에 사는 사람들의 생활도 나아지지 않겠지.

그래서 무엇보다도 언론은 자유가 필요해. 어떤 일이든 방송이나 기사로 다룰 수 있고, 사람들에게 알릴 수 있어야 하는 거야.

하지만 언론의 자유가 못마땅한 사람들도 있어. 바로 권력을 쥐고, 국민들을 마음대로 주무르고 싶어 하는 사람들이야. 이런 사람들은 국민들을 뜻대로 조정하기 위해 언론을 길들이려고 해.

이런 일은 먼 옛날부터 있어 왔어. 처음, 금속활자 인쇄술이 발명되었을 때 국가는 이 일을 비밀로 했단다. 그리고 기술이 밖으로 새어나가지 않게 했지. 인쇄술이 발달해서 책을 쉽게 만들 수 있게 되면, 많은 사람들이 정보를 얻게 될 테고, 그러면 국민을 속이거나 숨기기 어려워져 다스리기 힘들어질 테니까 말이야.

우리나라의 정치 역사에도 언론 탄압이 있었어. 전두환 대통령은 권력을 잡자 언론을 통제하기 위해 언론사를 없애거나 합쳐서 수를 줄였어. 방송사나 신문사가 줄어들면 그만큼 더 관리하기가 쉬울 테니 말이야. 그리고 날마다 언론사에 보도지침을 내렸단다. '보도해도 좋은 것, 안 되는 것, 절대 안 되는 것' 이렇게 구분까지 해 주었지.

언론은 자유가 필요해

이탈리아 사람들은 베를루스코니 한 사람의 손에 의해 언론이 움직이는 것을 보고, 민주주의가 위험하다고 생각하게 되었어. 민주주의는 사람들이 저마다 다른 의견을 갖는 것을 인정하는 거야. 내가 소중한 만큼 남도 소중하기 때문에 다른 사람의 의견이 나와 다르다고 해서, 기분 나쁘다고 해서 막을 수는 없어. 그래서 한 나라의 민주주의가 얼마나 발전했느냐를 보려면 언론이 얼마나 자유롭게 말을 할 수 있느냐를 살펴보면 돼.

언론이 자유로우려면 우선 권력과 손을 잡지 않아야 돼. 권력을 가진 사람들은 언론을 통제하기 위해 위협을 하거나, 때로는 달콤한 사탕을 주기도 해. 마음에 들지 않는 언론사를 없애거나, 권력의 편에 서 달라고 세금을 낮춰 주는 등의 방법을 쓰는 거지.

언론이 권력의 편에 서서 그 쪽에 유리한 기사만 내보낸다면 어떤 일이 생길까? 언론은 우리의 눈과 귀, 그리고 입이라고 할 수 있어. 그런 언론이 정확하게 보고 들은 것을 말해 주지 않으면, 우리는 잘못된 정보를 얻게 되고, 잘못된 판단을 하게 될 거야. 정부에서 하는 일은 모두 옳다고 따르게 되고, 다음 선거에서 또 그런 정치인을 뽑게 되겠지.

그렇기 때문에 언론은 언제나 권력을 멀리하고, 권력을 감시하는 역할을 해야 해. 누가 위협한다고, 좋은 선물을 준다고 흔들려서는 안 되는 거란다.

언론 뒤엔 우리가 있다

권력과 손잡지 않는 언론, 공정한 보도를 하는 언론을 만들기 위해서는 우리의 노력도 필요해. 먼저, 어떤 언론이 정확한 보도를 하는지 잘 살펴보고, 선택해야 해. 언론들도 같은 문제를 다르게 보도할 수가 있거든.

그리고 언론이 제 역할을 하지 않을 땐 항의할 필요도 있어. 1980년대엔 국민들이 KBS에 시청료를 낼 수 없다고 '시청료 거부 운동'을 벌였지. KBS 방송이 정부의 입장만 전달하는 홍보 방송을 한다고 생각했기 때문이야. 사람들은 당시 9시 뉴스를 우스갯소리로 '땡전뉴스'라고 불렀어. '땡' 하고 시작하면 바로 "전두환 대통령은……" 하면서 대통령 소식부터 전해 준다고 말이야. 시청료 거부 운동으로 방송인들은 부끄러움과 책임감을 느끼게 되었지.

언론은 어느 쪽에도 치우치지 않는 공정한 보도를 하려고 노력하고, 시민은 제대로 된 언론을 찾아서 응원해 줄 때, 민주주의가 발전한단다. 민주주의는 어느 누구만 잘해서 되는 것이 아니라는 걸 기억해야 해.

여론정치

여론이란 어떤 문제에 대해 많은 사람들이 갖는 생각을 말합니다. 정부나 정치인들은 국민들의 지지를 받기 위해서 국민의 여론을 따르고 여론을 정책에 반영하기 위해 노력하지요. 이때 여론에 가장 큰 영향을 주는 것이 바로 언론매체들입니다.

인터넷 언론

인터넷이 발달하면서 기존의 신문이나 잡지가 아닌 인터넷 공간에서 뉴스나 정보를 전달합니다. 인터넷 언론의 장점은 무엇보다도 빠르게 정보를 전달할 수 있다는 것입니다. 오마이뉴스, 프레시안, 데일리서프라이즈와 같은 인터넷 언론이 있습니다.

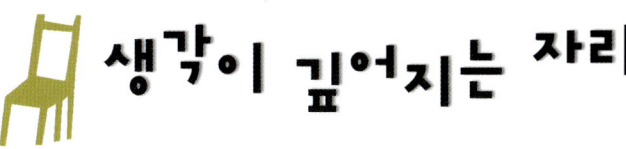 생각이 깊어지는 자리

이탈리아의 베를루스코니 총리 이야기는 언론과 민주주의에 대해서 많은 생각을 하게 합니다. 이야기 속에서 총리가 왜 언론을 장악하려고 하는지, 그 때문에 어떤 일들이 벌어지는지 곰곰이 생각해 보세요.

- 이탈리아 사람들이 거리로 나와 베를루스코니 총리에 대한 불만을 털어놓은 까닭은 무엇입니까?

- 베를루스코니 총리는 왜 라이 방송국을 손에 넣으려고 할까요?

- 언론이 베를루스코니 총리와 정부가 하는 일에 대해 비판을 하지 못한다면 어떤 일이 생길까요? 만약 이대로 다음 총리 선거를 한다면 어떤 결과가 나오게 될까요?

- 이탈리아 언론은 베를루스코니 총리의 권력을 무서워하고 있습니다. 내가 만약 기자라면 용기를 내서 총리를 비판하는 기사를 쓸 수 있을까요? 아니면, 권력 앞에 고개를 숙일까요? 나라면 어떤 행동을 할지 생각해 보세요.

자랑스러운 신문을 소개합니다!

충북 옥천에는 옥천의 자랑 〈옥천신문〉이 있습니다. 지역 사람들은 〈옥천신문〉을 '도깨비 신문'이라고 부릅니다. 도깨비처럼 신기하다는 생각 때문입니다. 〈옥천신문〉은 작은 지역 신문에 불과하지만 전국적인 규모의 어떤 큰 신문보다 옥천 사람들에게 사랑을 받고 있습니다.

우선 〈옥천신문〉은 절대 촌지를 받지 않습니다. 기사를 잘 써 달라고 관공서나 기업이 주는 돈을 받지 않지요. 그렇기 때문에 절대 외부의 압력 때문에 기사를 쓰거나 바꾸는 일이 없습니다. 오히려 신문사에 돈을 주거나 압력을 넣는 사람이 있다면 신문에 그런 일을 실어 알립니다.

〈옥천신문〉은 2000년에는 옥천군의회 의원들이 관광성 해외연수를 다녀온 사실을 밝혔습니다. 이 때문에 옥천군의회는 지역민들에게 사과하고, 연수비의 일부를 다시 돌려주었습니다. 그 뒤로 옥천군의회는 의원들이 제대로 된 해외연수를 하지 않으면, 여비를 반납해야 한다는 조항도 만들게 되었습니다.

옥천 지역민들은 〈옥천신문〉이 언제나 바른 기사를 내보내고, 지역민의 편에 서 있는 정직한 언론이라는 믿음을 가지고 있습니다. 그래서 〈옥천신문〉의 구독자는 점점 늘어나고 있습니다.

―옥천에서, 이어람 기자

- 〈옥천신문〉이 지역 사람들에게 신뢰를 얻게 된 이유는 무엇일까요?

- 〈옥천신문〉을 통해 알 수 있듯이, 신문이나 방송 같은 언론에 있어서 가장 중요한 것은 무엇이라고 생각하나요?

- 〈옥천신문〉은 군의회 의원들의 잘못을 밝혀 앞으로 그런 일이 일어나지 않도록 하는 데 큰 기여를 했습니다. 이처럼, 신문이나 방송 같은 언론을 통해 잘못된 일이 밝혀지는 경우가 많습니다.

신문이나 텔레비전 뉴스, 또는 인터넷 기사를 통해 알게 된 사회의 잘못된 점을 찾아보세요. 그리고 그 사실을 알게 되었을 때, 우리가 해야 할 일은 무엇인지, 어떻게 하면 잘못된 점을 고칠 수 있는지도 생각해 보세요.

4
시민의 정치 참여

내 손으로 만드는 민주국가
민주주의를 꽃피운 사람들

내 손으로 만드는 민주국가

작은 촛불 하나하나가 모여, 어둠을 몰아내듯
시민 한 사람, 한 사람이 모여 민주주의를 지킵니다.

소녀들, 촛불을 들다

2003년 미국에서 소해면상뇌증, 일명 광우병에 걸린 소가 발생했습니다. 광우병은, 소의 뇌신경세포가 파괴되어 마비와 눈이 보이지 않는 증상 등을 보이다가 결국 죽는 무서운 병입니다. 광우병에 걸린 쇠고기를 먹은 사람도 같은 증상을 보이며 죽는다고 합니다.

한국은 미국에서 쇠고기를 수입하고 있었습니다. 하지만 미국에서 광우병에 걸린 소가 발견되자, 미국산 쇠고기 수입을 금지했습니다.

정부는 국민에게 이렇게 발표했습니다.

"미국에서 광우병에 걸린 소가 발생함에 따라 쇠고기 수입을 금지합니다. 국민 여러분의 건강은 소중하니까요."

하지만 정부는 2006년, 미국산 쇠고기를 다시 수입하기로 결정했습니다.

국민들은 의심이 생겼습니다. 미국산 쇠고기가 위험하다, 국민의 건강이 소중하다고 말했던 정부가 다시 미국산 쇠고기를 수입하려고 하니까요.

그러자 정부는 다시 국민에게 말했습니다.

"미국산 쇠고기가 위험할 수도 있어 30개월 미만의 뼈를 제거한 고기만 수입합니다. 비교적 안전하거든요."

정부의 발표에 여기저기에서 찬성과 반대 의견이 쏟아져 나왔습니다.

"미국에 광우병 소가 얼마나 있는지 아무도 모릅니다. 그러니 확실해질 때까지 수입은 안 됩니다."

"광우병에 걸릴 확률은 번개에 맞을 확률보다 적습니다. 번개에 맞을 확률이 얼마나 적습니까? 수입 찬성입니다!"

2008년 4월, 갑자기 정부가 30개월 이상의 소까지 수입하기로 결정을 해 버렸습니다.

"이제부터 국민 여러분은 값싸고 맛좋은 미국산 쇠고기를 마음껏 드실 수 있습니다."

하지만 정부의 발표를 듣고도 국민들은 광우병 때문에 불안했습니다. 누구는 미국산 쇠고기가 위험하다고 주장하고, 또 누구는 안전하다고 하니, 어느 말을 믿어야 할지 알 수도 없었습니다.

"위험하면 아예 안 먹는 게 안전하겠지."

"그래도 값싼 쇠고기를 먹고 싶은데……."

미국산 쇠고기가 안전한지, 아닌지는 누구도 확신할 수 없는 문제였습니다. 그런데도 정부가 국민의 의견을 묻지도 않고 쇠고기 수입을 결정한 것은 국민의 불만을 낳았습니다. 국민의 건강이 달린 문제인데, 정부가 너무 쉽게 결정했다고 생각한 것입니다.

그러던 어느 날, 서울 광화문에 촛불을 든 여고생들이 나타났습니다. 사람들은 이들을 '촛불소녀'라고 불렀습니다.

"학교에서 배운 대로 민주시민으로서 정부에 내 의견을 밝히는 것뿐이에요."

촛불소녀들은 당당하게 자신의 생각을 표현했습니다.

얼마 후, 학생들의 뒤를 이어 어머니들이 촛불을 들고 거리로 나섰습니다.

"우리 아이에게 안전하지 않은 쇠고기를 먹일 순 없어요."

"미국산 쇠고기 수입 반대!"

엄마들은 소리 높여 외쳤습니다. 그리고 장사를 하고 회사에 다니는 아버지들도 촛불을 들었습니다. 정부가 하는 일에 불만이 있어도 귀찮아 모른 척하고, 먹고사느라 바빠서 나라 일엔 관심도 없던 어른들이었지요.

"어린 여학생들도 용감하게 나서는데, 나도 정부에 내 의견을 당당하게 말하겠다. 어린 학생과 주부들에게만 맡기고 나 몰라라 할 수는 없지."

아주머니, 아저씨들의 뒤를 이어, 대학생 언니와 오빠들도 촛불을 들고 거리로 나왔습니다.

"국민이 반대하는 미국산 쇠고기 수입을 왜 해야 하는가!"

"국민의 건강보다 더 중요한 것은 없다. 쇠고기 수입을 반대한다!"

촛불을 들고 미국산 쇠고기 수입에 반대하는 시위에 참여할수록, 사람들의 마음속엔 '대한민국의 주인은 바로 우리 국민이야. 그러니 국민의 의견을 무시하는 것은 옳지 않아'라는 생각이 자라났습니다.

그리고 누군가의 입에서부터 대한민국 헌법 제1조에 음을 붙인 노래가 흘러나왔습니다.

"대한민국은 민주 공화국이다. 대한민국의 모든 권력은 국민으로부터 나온다."

이 노래는 촛불을 든 시민들의 마음에 깊이 자리 잡았습니다. 사람들은 이 노래를 부르며 우리나라가 민주주의 국가이며, 자신들이 대한민국의 주인이라는 생각을 다시 한 번 가슴에 새겼습니다.

시간이 지나면서, 촛불시위에 참여하는 사람들의 수는 점점 많아져서 수십만 명에 이르렀습니다. 그러자, 정부도 미국과 다시 쇠고기 수입에 대해 논의하겠다고 발표를 했습니다.

하지만 촛불시위를 반대하는 사람들도 있었습니다.

"촛불시위 그만 해라!"

"노노데모!!!!"

그들은 촛불시위에 참석한 사람들이 미국산 쇠고기에 대해 잘 모른다며, 미국산 쇠고기가 안전하다고 주장했습니다.

"미국산 쇠고기는 안전합니다. 제가 먹어 봐서 잘 안다고요!"

촛불시위에 반대하는 사람 중에는, 정부가 하는 일에 국민이 나서서 반대하는 것은 옳지 않다고 생각하는 사람도 있었습니다.

"국민의 대표가 하는 일은 믿고 맡겨야 합니다."

"촛불시위에 나온 사람은, 나라를 위험에 빠뜨리려는 나쁜 사람들에게 속아서 나온 거야."

또 어떤 사람들은 이렇게 투덜거리기도 했지요.

"촛불시위 하는 사람들과 촛불시위에 반대하는 사람들이 도로를 막고 시위를 하는 바람에 길이 막혀서 시간 낭비가 심해. 난 피해자라고!"

촛불시위를 하는 사람과 그들에 반대하는 사람들은 서로 다투기도 했습니다. 하지만 이 모든 사람들이 나라 일에 자신의 생각을 표현하면서 '정치'를 했던 일은, 높이 평가해야 합니다. 물론, 지금도 미국산 쇠고기를 수입하는 것이 옳은지, 그른지는 알 수 없지만 말입니다.

노노데모

과격불법 촛불집회 반대 시민연대는 불법적인 촛불집회에 반대하려는 목적으로 설립된 '안티 촛불집회' 시민단체이며, 노노데모로 불려요.

> ● 앞의 이야기는 대한민국의 2008년을 뜨겁게 달군, 미국산 쇠고기 수입을 둘러싸고 수입에 반대하는 촛불시위와 또 그 촛불시위에 반대하는 사람들의 이야기야. 촛불시위는 2006년 6월에 처음 시작되었어. 그 후, 시민들은 정부가 하는 일에 의견을 표현하거나 반대를 할 때는 촛불을 들고 모여서 시위를 한단다.

촛불소녀, 등장하다

2008년, 미국산 쇠고기에 대해 수입을 하느냐, 마느냐, 수입한다면 어떤 조건으로 해야 하느냐를 두고 온 나라가 들썩였어. 정부가 갑자기, 30개월 이상의 미국산 쇠고기를 수입하고, 살코기보다 위험하다고 생각되어지는 내장 같은 부위도 수입하는 것에 대해 걱정하는 소리가 높았단다. 하지만 정부는 이미 미국과 약속을 했고, 또 미국산 쇠고기가 안전하다면서 미국산 쇠고기를 수입하려는 계획을 바꾸지 않았어.

여기저기서 미국산 쇠고기가 안전한지 위험한지에 대한 의견이 쏟아져 나올 무렵, 몇 명의 여고생들이 촛불을 들고 광화문에 나타났단다. 여고생들은 '미국산 쇠고기 수입 반대', '죽기 싫어요' 등을 적은 종이를 들고 한 손엔 촛불을 들고 있었어.

이 여고생들의 시위는 많은 사람들에게 충격을 주었단다. 우리나라 학생은 학교와 학원을 오가며 입시공부에만 몰두하고 다른 사람의 일에는 관심이 없을 줄 알았는데, 오히려 어른보다 먼저 나라의 일에 관심을

가지고 자기 의견을 표현하는 것에 놀랐던 거야. 이 여고생들을 대견하다고 칭찬하는 사람도 있었고, '머리에 피도 안 마른 아이들이 뭘 알겠어'라고 생각하는 어른들도 있었지. 하지만 4·19혁명 역시 마산의 중·고등학생에게서 시작되어, 독재를 하던 당시의 대통령까지 내쫓고 조금 더 민주적인 나라를 만들었다는 것을 기억하면 정치에 관심을 갖는 것에 나이의 구분이 없다는 것을 알 수 있을 거야.

우리나라에 촛불시위가 처음 등장한 것은 2002년, 여중생 두 명이 미군 장갑차에 깔려죽은 사건이 일어난 후, 두 학생의 죽음을 추모하기 위해 사람들이 손에 촛불을 들고 광화문으로 모여들면서 시작되었어. 그

전까지는 화염병, 각목, 최루탄 등이 등장하는 폭력 시위가 많았지만, 이후부터는 평화적인 촛불시위로 바뀌었단다. 폭력을 싫어해서 그동안 시위에 참여하길 부담스러워하던 시민들도 평화적인 촛불시위엔 참여해 국가에 자신의 의견을 표현하게 되었지.

나라의 일에 참견하는 사람들

여학생들의 뒤를 이어 주부, 직장인, 대학생, 할아버지, 할머니도 '미국산 쇠고기 수입 반대'를 외치며 시청 앞 광장으로 모여들었어. 촛불시위에 참여하는 사람들은 점점 늘어나고 시위는 계속 되었지. 결국 정부는 미국과 쇠고기 수입 문제를 다시 조정하겠다고 발표했단다.

하지만 모든 사람이 촛불시위에 참여하거나 찬성한 것은 아니었어. 오히려 '촛불시위에 반대한다'며 시위를 하는 사람들도 있었거든. 이들은 촛불시위를 하는 사람들이 정부의 일을 방해해서 나라에 혼란을 준다고 주장했지. 어떤 사람들은 시위하는 사람들 때문에 가게 장사가 안 된다며 시위를 하기도 하고, 또 어떤 사람은 시위하는 사람이 도로를 차지하고 있어서 길이 막힌다며, 시위하는 사람들을 비난하기도 했어.

미국산 쇠고기를 수입하는 것에 대해 사람마다 각기 의견이 다를 거야. 중요한 것은 국가의 일에 시민이 관심을 가지고 의견을 내는 거란다. 그런 의미에서, 미국산 쇠고기 수입을 반대하는 촛불시위에 참여하거나 수입을 찬성하는 시위에 참여한 사람들, 자신이 피해를 보니 시위를 멈추라는 사람들 모두 '민주시민'의 자격이 있단다. 문제는 자기 일에만 관심이 있어서 국가에서 무슨 일을 어떻게 하는지, 다른 사람에게 무슨 일이 있는지 관심을 갖지 않는 사람들이야. 이런 사람들은 '민주주의가 무엇인지' 모르는 사람이지. 어떤 사람들은 이렇게 국가의 일에 관심을 갖지 않는 사람이야말로 '민주주의의 적'이라고 주장한단다.

민주주의의 적이라고?

이 책의 첫 장에서 정치의 목적은, 사람을 행복하게 만드는 것이라고 했지? 그리고 모든 국민이 직접 정치에 참여하는 것이 힘들기 때문에 국민을 대신해서 대표자들이 정치를 하는 거라고도 했어. 결국, 국민의 행복을 위해 대표자(정부, 정치인)가 정치를 하는 거지. 그런데 정부가 국민의 행복을 위해 아무리 최선을 다한다고 해도 완벽할 수는 없어. 항상 곁에서 내 행복을 위해 가장 노력하는 부모님조차도 내 생각을 다 아시거나 내가 원하는 모든 것을 다 해 주실 수는 없잖아. 그래서 가끔은 속상한 일도 있고 왜 이렇게 내 마음을 몰라주시나 서운할 때도 있지. 그럴 때는 부모님께 자기의 생각을 말해야지. 부모님이 독심술을 하는 것도 아닌데, 말도 하지 않고 표현하지 않는 내 마음을 어떻게 척척 알 수 있겠니? 정부도 마찬가지야. 수백, 수천만 명 국민의 생각을 정부가 다 알 수는 없는 거야. 안다고 해도 사람마다 원하는 것이 다르기 때문에 다 맞춰 줄 수도 없고. 그럼, 어떻게 해야 할까?

그냥 속으로만 투덜거릴까? 아니면, 나 대신 다른 사람이 행복하면 그만이라고 참을까? 그럴 때는 부모님께 하듯이, 국가에도 자신의 생각을 표현해야 해. 그렇지 않으면 대표자들이 국민의 의견이 어떤지 모른 채 자기들 마음대로 나라를 좌지우지할 테니까 말이야.

미국산 쇠고기 수입 문제만 해도 정부가 국민의 불안을 미리 알고 있거나, 결정을 하기 전에 국민에게 의견을 들었다면 촛불시위를 할 필요도 없었을 거야. 물론 정부가 하는 일마다 국민의 의견을 다 들을 수는

없겠지. 하지만 정부는 국민의 생각이 어떤지 잘 살피고 국민은 정부의 일에 적극적으로 관심을 가지고 참여해서 자신의 의견을 표현해야 해. 정치에 '참여'하는 시민이야말로, 민주주의를 건강하게 살찌우는 '민주 시민'이란다.

민주주의의 상징, 광장

최초로 민주주의를 시작한 고대 그리스의 아테네는 '아고라'라는 광장에서 시민들이 모여, 직접 국가의 일을 토론하고 결정했어요. 그 후부터 광장은 시민이 나라의 일을 토론하고, 의견을 표현하는 민주주의의 상징이 되고 있지요. 우리나라 역시 서울 시청 앞 광장을 비롯해 전국의 여러 광장에 시민들이 모여, 나라의 일에 의견을 표현하고 진정한 민주주의를 지키려고 노력해 왔습니다.

 생각이 깊어지는 자리

2008년 광화문 일대는, 쇠고기 수입에 찬성하는 사람들과 반대하는 사람들의 시위가 물결을 이루었습니다. 심지어 모든 시위에 반대한다며 시위를 하는 사람도 있었고, 시위를 하는 사람들 때문에 우리나라가 혼란스러워졌다며 화를 내는 사람도 있었습니다.

- 어떤 사람들은 쇠고기 수입은 정부가 결정하는 일이니, 무조건 따라야 한다고 주장합니다. 정부가 하는 일을, 국민이 하나하나 다 따지고 반대한다면 정부가 일을 제대로 못 할 거라고 걱정합니다. 여러분의 생각은 어떤가요?

- 여러분과 관련된 일인데, 부모님이 대신 결정을 내린 경험이 있나요? 그럴 때, 부모님의 의견에 그냥 따르나요? 아니면, 여러분의 의견을 말씀드리나요?

- 어떤 일을 결정할 때, 모든 사람이 의견을 내고 토론을 해서 결정을 하면 시간이 많이 걸립니다. 대신 가장 똑똑하거나 경험이 많은 사람이 혼자 결정하고 다른 사람들이 그 사람의 결정을 따르면 시간이 많이 절약되지요. 여러분은 어떤 방식이 더 좋은가요? 그렇게 생각하는 이유도 적어 보세요.

대한민국의 청소년은 뭘 모른다?

2008년 미국산 쇠고기 수입을 반대하는 촛불시위가 전국에서 매일 열리고 있습니다. 놀라운 것은 촛불시위를 어린 청소년들이 시작했다는 것입니다. 오늘은 청소년들의 시위 참여에 대한 찬성, 반대 의견을 들어보았습니다.

반대 : 청소년은 촛불 대신 연필을 들어야 해요. 한창 공부할 나이에 시위에 참가해서 시간을 낭비하다니 말도 안 돼요. 그리고 청소년들이 뭘 알겠어요. 미

국산 쇠고기가 모두 광우병에 걸린 것처럼 떠들어대는 어른들에게 속아서 나왔을 거예요.

찬성 : 자기의 생각을 표현하는 데 나이가 무슨 상관이 있습니까? 프랑스, 미국 등의 청소년들이, 수업까지 거부하며 시위에 참여하고 그 나라의 정부가 그들의 의견을 받아들인 경우를 생각해 보세요. 왜 대한민국의 청소년만 시위에 나오면 안 된다는 겁니까?

청소년의 시위 참여에 대한 찬성과 반대의 목소리는 점점 더 높아지고 있습니다. 하지만 정작 당사자인 청소년들의 생각을 묻는 사람이 없는 것 같습니다. 이것이 가장 큰 문제가 아닐까요?

이상, 촛불집회 현장에서 〈청어람 뉴스〉 나봉팔이었습니다.

- 위의 뉴스에서, 청소년이 시위에 참여하는 것에 찬성, 반대하는 의견을 잘 생각해 본 후 그 주장을 반박해 보세요.

찬성하는 주장을 반박 :

반대하는 주장을 반박 :

- 국민이 정치에 참여하는 대표적인 방법은 선거입니다. 그런데 우리나라는 만 19세가 되어야 선거를 할 권리가 있지요. 그보다 나이가 어리면 정치에 대해 정확한 판단을 하기 어렵다고 생각하기 때문입니다. 여러분의 생각은 어떤가요?

민주주의를 꽃피운 사람들

돈키호테 백작,
거대한 풍차를 향해 돌진하다!
우리는 다칠 줄 알면서도
거대한 힘에 도전해야 할 때가 있다.

행복한 알버트와 이름 없는 여우

알버트가 주인을 따라 여름 별장에 왔습니다. 여우 사냥철이 시작되었기 때문이지요. 알버트는 눈처럼 하얀 바탕에 칠흑처럼 검은 점이 있는 사냥개입니다. 주인이 사람이나 먹을 법한 좋은 먹이만 골라서 먹인 덕에 온몸에 반지르르 윤기가 흘렀습니다. 게다가 알버트의 사냥 솜씨는 최고였습니다. 그 어느 개보다 예민한 코로 강 건너의 여우 냄새까지 정확하게 맡을 수 있었고, 어느 개보다 빠른 다리로 여우를 주인이 있는 곳으로 몰아넣었습니다. 간혹 자신이 몰아다 준 여우를 주인이 총으로 맞히지 못해도, 번개보다 빠르게 다시 여우를 물어와 주인의 자존심을 지켜 주었습니다. 그야말로 최고의 사냥개였지요.

그러던 어느 밤이었어요. 바람 한 점 불지 않고, 둥근 달이 그림처럼 하늘 중앙에 떠 있는 고요한 밤이었습니다. 예민한 알버트의 코가 킁킁 냄새를 맡았습니다. 여우였습니다. 하지만 알버트는 짖지 않았습니다. 하루 종일 여우 사냥을 하느라 피곤한 주인의 단잠을 깨울 만큼, 알버트는 어리석지 않았지요. 알버트는 눈을 빛내며 어두운 숲 속에서 나오는 여우를 지켜보았습니다. 여우는 한쪽 다리를 절었습니다.

"이봐, 멍청한 사냥개 씨!"

이렇게 말하는 여우는 볼품없이 마르고 목에는 듬성듬성 털이 빠져 있었습니다. 어떤 사냥개에게 당한 모양이었습니다.

"제 이름은 알버트입니다. 당신도 이름을 알려 주시기 바랍니다."

"난 이름이 없어. 이름 따윈 사람이나 사람의 명령에 따르는 사냥개만 있는 거라고."

"그럼, 전 당신을 '이름없는 여우 씨'라고 부르겠습니다. 당신만 괜찮으시면 말입니다. 아참, 그런데 무슨 일로 저를 찾아오셨습니까?"

알버트는 자신을 모욕하려는 여우를 용서하며 친절하게 대답했습니다.

"당신은 그렇게 사는 게 좋아?"

여우가 알버트의 목줄 길이보다 멀리 떨어진 곳에 누우며 물었습니다.

"그럼요, 덕분에 전 아주 행복하답니다."

"인간을 위해, 자기 친척뻘인 여우를 사냥하는 게 행복하다고? 머리가 어떻게 된 거 아냐?"

"무슨 말씀이십니까? 저는 매일 최고급 스테이크를 먹고 알프스 빙하를 녹인 물을 마십니다. 그리고 이 튼튼한 집에서 푹신하고 향긋한 향이 나는 이불을 깔고 자지요. 아마 당신은 상상할 수도 없겠지만요."

"그래. 난 상상이 안 돼. 목줄에 매여 주인한테 끌려 다니는 삶이 행복하다니 말이야. 난 말이야, 하루 종일 굶는 날도 있고, 당신 같은 사냥개에게 쫓기기도 하지만 아침 햇살이 산꼭대기를 둘러싸고 있던 안개를 몰아내는 것도 보고, 비가 그친 후 하늘 높이 떠오르는 무지개를 쫓아가기도 해. 그러다 땀이 나면 냇가에 풍덩 뛰어들어서 헤엄을 치기도 하지. 또 깊이 숨을 들이마실 때면 자유가 내 가슴 속에 가득 차오르지."

여우가 목의 상처를 혀로 핥으려 애쓰며 말했습니다. 안타깝게도 상처를 핥기엔 혀가 짧았습니다. 아니, 목이 짧은 걸까요?

"무례하시군요. 역시 당신은 교육을 제대로 받지 못한 것 같네요. 난 당신을 공손하게 대했는데 당신은 내 명예를 깎아내릴 생각뿐이군요. 좋습니다. 한 달 뒤에 다시 만나지요. 그동안 우리 중에 누가 더 행복했는지 비교해 보자고요. (그때까지 당신이 살아 있다면 말이죠.)"

알버트는 마지막 말은 하지 않았습니다.

"안녕히 가십시오, 이름 없는 여우 씨. 한 달 후에 다시 뵙겠습니다."

알버트는 여우에게 공손히 인사를 하고는 포근한 이불에 고개를 묻고 잠이 들었습니다.

시간은 눈 깜짝할 사이에 지나, 약속한 한 달의 마지막 날이 밝았습니다.

"자, 알버트. 오늘이 마지막 여우 사냥이다. 끝까지 힘내자."

주인의 말에 알버트는 컹컹, 짖으며 대답했습니다.

그날, 알버트는 '이름 없는 여우 씨'와 마주쳤습니다. 하지만 여우는 아직 알버트와 그 주인을 보지 못하고 있었습니다. 주인은 알버트에게 그 여우를 잡으라고 명령을 내렸지만, 알버트는 여우를 살려주고 싶었습니다. 그래서 큰 소리로 짖어 여우를 멀리 도망치게 해 주었습니다.

"멍청한 녀석!"

주인은 화를 내며 알버트를 걷어찼습니다. 그러고는 절뚝거리며 달아나는 여우를 향해 총을 쏘았습니다. 여우가 풀쩍 뛰어오르더니 그 자리에 쓰러지고 말았습니다.

"멍청하게 서 있지 말고, 죽은 여우라도 물어 오라고."

알버트는 주인에게 걷어차인 다리를 절며 여우에게 다가갔습니다. 알버트를 알아본 여우가 말했습니다.

"오늘 밤에 당신을 만났다면 좋았을 텐데, 너무 일찍 만났군."

"오늘만 무사히 넘겼으면 좋았을 텐데요. 그런데 이름 없는 여우 씨, 이렇게 죽임을 당하는데도 당신이 나보다 더 행복하다는 겁니까?"

"아마도······."

여우는 힘겹게 대답하고는 곧 숨을 거두었습니다.

알버트는 잠시 망설이다가 여우를 살짝 물어서 주인에게로 갔습니다.

"뭐야, 기껏 잡았는데 아무짝에도 쓸모가 없겠어. 볼품이 없어서 여우 목도리로도, 겨울 외투로도 못 쓰겠다고. 괜히 총알만 낭비했잖아. 그냥 버리고 돌아가자."

알버트는 풀숲에 버려진 이름 없는 여우 씨를 돌아보며, 주인이 이끄는 목줄에 이끌려 집으로 향했습니다.

"깽! 깽깽!"

갑자기 알버트가 비명을 질렀습니다. 여우를 잡으려고 놓은 덫에 그만 앞다리가 걸린 것이었습니다. 주인이 재빨리 덫에서 알버트를 빼냈지만 앞다리는 이미 부서진 상태였습니다. 주인은 알버트를 자신의 말에 태워서 집으로 갔습니다.

'그래, 난 행복해. 행복한 알버트라고. 나를 위해서 말까지 양보하는 주인님이 있잖아. 그 이름 없는 여우 씨보다 훨씬 행복해.'

알버트는 다리의 상처도 잊고 행복해했습니다. 앞서서 걸어가는 주인에게 한없이 고맙고 미안한 마음까지 들었습니다.

"알버트의 앞다리가 완전히 부서졌어. 사냥개가 다리를 못 쓰면 아무 데도 쓸모가 없어. 먹이만 축낼 뿐이야."

"맞아요. 알버트도 그렇게 사는 것은 원하지 않을 거예요."

주인 가족들은 알버트에 대해 상의했습니다. 그리고 알버트에게 특별히 더 맛있는 먹이를 주었습니다. 배가 부른 알버트는 스르르 잠이 들었습니다. 주인과 공놀이를 하는 꿈을 꾸었습니다. 그때, 주인은 알버트의 머리에 총을 쏘았습니다.

"알버트, 편안하게 하늘나라로 가렴."

주인은 알버트를 햇빛이 잘 드는 뒷마당에 정성껏 묻어 주었습니다. 주인과 그 가족들은 알버트와의 이별을 슬퍼하며 울기도 했습니다. 그

리곤 말했습니다.

"다음번엔 좀 더 말 잘 듣는 사냥개를 사야겠어."

● 위의 이야기는 〈개와 여우〉라는 이야기를 조금 바꿔 본 거란다. 만약 한 달 뒤 알버트와 이름 없는 여우가 살아서 만나, 누가 더 행복한지 결정을 내려 달라고 하면 어떻게 하겠니? 자유롭지만, 사냥개와 총에 쫓기고, 맛있는 먹이는커녕 굶는 날도 많은 여우? 아니면, 주인의 명령만 잘 따른다면 맛난 음식과 편안한 집에서 살 수 있는 알버트? 이 질문은 아주 중요한 거니까 우리보다 먼저 이 문제를 고민한 사람들의 얘기를 들어 본 후에 결정해도 늦지 않을 거야.

민주화 운동의 첫걸음, 4·19 혁명

우리나라는 36년간 일제의 지배를 받다가 1945년에 독립해서 1948년 8월 15일에 대한민국 정부가 세워졌단다. 우리나라 역사상 처음으로 국민이 주인으로 인정받은 나라가 세워진 거야. 초대대통령(1대 대통령)은 이승만이었어.

하지만 국민은, 민주주의는 쉽게 얻을 수 없다는 것을 곧 깨닫게 되었어. 이승만 정부가, 말로는 '국가의 주인은 국민'이라고 했지만, 실제로는 모든 국가의 권력을 자기들끼리만 움켜쥐려고 했거든. 국민의 눈을 속이고 자기 배만 불렸지. 게다가 이승만은 죽을 때까지 대통령 자리를

차지하고 싶었어. 그래서 부정한 방법으로 선거를 하고 심지어 헌법을 바꾸면서까지 자기가 대통령이 되려고 했어. 그 결과 1~3대 대통령이 되었지. 그런데 그것도 모자라 이승만은 다시 대통령이 되려고 했고 대통령 후보가 자기밖에 없었기 때문에 또 다시 4대 대통령으로 당선되었어. 대한민국이 세워진 이후, 오직 이승만 혼자서만 대통령이 되었던 거야. 그런데 그때는 대통령과 부통령이 있어서 대통령의 서거 등으로 대통령 역할을 할 수 없으면 부통령이 대통령의 역할을 대신했어. 그래서

민주주의를 꽃피운 사람들 | **239**

85세였던 이승만과 그 일당은 만일을 대비해 꼭, 부통령도 이승만 일당이 되어 권력을 놓치지 않으려고 했어. 문제는 이승만 쪽 부통령 후보가 국민에게 인기가 없었다는 거였지. 그러자 이승만 일당은 온갖 부정선거를 저질러서 결국 선거에서 이겼단다.

하지만 이번만은 국민도 더 이상 참지 않았어. 마산의 학생들을 시작으로 '부정선거 무효'를 주장하는 시위가 전국에서 일어났단다. 그러다 1960년 4월 11일 마산 앞바다에서, 경찰에게 죽임을 당한 고등학교 1학년이었던 김주열의 시체가 발견되었어. 이 사건으로 국민의 분노는 다시 폭발했지. 결국 수십만 명의 중고등학생, 대학생, 일반시민이 '독재정권은 물러나라'며 시위를 벌였지. 이승만은 시위대를 향해 총을 쏘아 수백 명이 죽고 수천 명이 다쳤어. 하지만 민주주의를 지키려는 시민의 굳은 의지는 더욱 불타올랐지. 결국 4월 25일 이승만은 더 이상 버티지 못하고 하와이로 망명했어. 수많은 희생을 치르고서야 얻은 민주주의의 첫 승리였단다.

민주화의 꽃, 광주 민주화 운동

어느 시대, 어느 나라에서나 국민이 조금이라도 한눈을 팔면 다시 국민을 속이고, 힘으로 억누르려는 사람들이 계속 나타나기 마련이야. 대한민국 역시 그랬지. 1980년 전두환을 중심으로 군인들이 폭력으로 정권을 잡은 거야. 그러자 광주의 대학생을 중심으로 민주주의를 요구하는 민주화 운동이 시작되었어. 하지만 정부에서는 군대를 보내서 민주화 시위를 막았단다. 국민을 보호해야 하는 군대가 오히려 국민에게 총칼을 휘두르고 대포로 몰아붙이는 비극이 일어난 거야. 민주화를 요구하는 광주 시민들을 향해 군인들이 폭력을 사용해 부상자와 사망자가 생기자, 처음에는 시위에 참여하지 않았던 시민들도 더 이상 참지 않았어. 자신의 가족과 이웃이 군인에게 죽고 다치는 것을 두고 볼 수 없었던 거야. 결국 광주시민도 시민군대를 조직해서 무력으로 맞섰지. 하지만 군대를 막기에는 역부족이었어. 너무 많은 시민들이 죽거나 다치는 희생을 치르며 광주 민주화 운동은 무력으로 진압되었어.

비록 광주 민주화 운동은 실패로 끝났지만, 민주주의는 누가 쥐어주는 것이 아니라 국민 스스로 만들고 지켜야 한다는 것을 깊이 깨닫게 되었지. 또 정당하지 못한 방법으로 정권을 장악한 정부가 얼마나 무서운 일을 저지를 수 있는지도 깨닫게 되었어. 하지만 국민들의 민주주의를 향한 열정은 더욱 불타올랐지.

내 손으로 대통령을 뽑는다, 6월 민주항쟁

1987년, 전두환 대통령의 임기가 끝나고 새로운 대통령을 뽑아야 할 무렵, 국민들은 국민이 직접 대통령을 뽑아야 한다고 결심하고 있었어. 더 이상 군인이 총칼을 앞세워 대통령이 되는 것을 막아야 한다고 생각했지. 하지만 전두환 일당은 대통령을 자기들끼리 뽑고 싶었어. 그러자 국민들은 '대통령 직접 선거'를 요구하며 시위를 벌였단다. 그러다 대학생이었던 박종철이 경찰의 고문을 받다 죽는 사건이 발생했어. 그런데 정부는 박종철이, 탁자를 '탁' 하고 치자 그 소리에 깜짝 놀라 죽었다고 발표를 했지. 당연히 발표를 믿는 국민은 없었고 국민의 목숨을 하찮게 생각하는 정부에 저항하는 시위는 점점 거세졌어.

그러던 1987년 4월, 정부가 다음 대통령 역시 국민이 직접 뽑을 수 없다고 발표를 했어. 국민이 국가의 주인으로서 자기들의 대표를 직접 뽑

을 권리를 또 다시 빼앗으려고 한 것이지. 국민들은 더 이상 참지 않았어. 6월 10일, 박종철을 죽인 정부를 비판하고 새 대통령을 국민이 직접 뽑을 권리를 주장하며 전국적으로 시위를 벌였단다. 6월 29일까지 전국적으로 약 500만 명이 이 시위에 참여했지. 더 이상 정부도 국민의 요구를 무시할 수는 없었어. 결국 6월 29일, 대통령을 국민이 직접 뽑는 '대통령직선제'를 실시하겠다고 발표했단다.

대한민국이 세워진 이후, 6월 민주항쟁까지의 일을 생각해 보면, 정정당당하게 국민의 투표로 대통령이 되지 않은 사람들은 무력으로 국민을 억압하려고 했다는 것을 알 수 있어. 그만큼 떳떳하지 않았기 때문에 국민에게 겁을 줘서 저항하지 못하게 한 거란다. 국민의 자유를 빼앗아서 자기들 마음대로 조정하려 한 거지.

6월 민주항쟁 이후, 우리나라 대통령은 국민이 직접 뽑고 있어. 또 국민이 민주주의를 위협하는 일이나 국가의 중요한 일에 자신의 의견을 표현할 수 있게 되었지. 이렇게 민주주의를 얻기도 힘들지만 지키는 것은 더욱 어렵단다. 국민이 관심을 갖지 않으면, 슬그머니 국민의 자유를 빼앗고 국가를 자기들 마음대로 하려는 사람들이 나타나기 마련이거든. 그래서 우리는 민주주의가 잘 지켜지고 있는지 항상 관심을 가지고 지켜봐야 해.

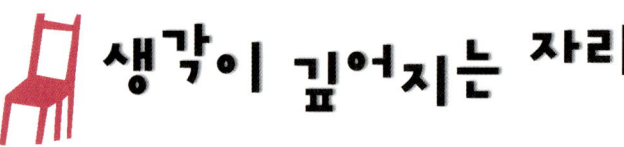

생각이 깊어지는 자리

알버트는 주인의 말만 잘 들으면, 주인의 사랑을 받으며 편안하게 살 수 있었습니다. 하지만 이런 알버트의 삶을 이름 없는 여우는 비웃었지요. 자신은 자유롭고 자기 자신이 주인이지만, 알버트는 주인의 명령에 따라 살기 때문에 행복하지 않을 거라고요. 하지만 이름 없는 여우가 자유로웠다고 해서 항상 행복하기만 했을까요? 알버트처럼 돌봐주는 주인이 없어서 힘든 일도 있지 않았을까요? 〈행복한 알버트와 이름 없는 여우〉 이야기를 다시 한 번 곰곰이 생각해 보세요.

- 알버트는 언제 가장 행복했을지 상상해 보세요.

- 이름 없는 여우는 언제 가장 행복했을지 상상해 보세요.

- 여러분이 알버트와 이름 없는 여우 중 하나로 다시 태어난다면, 누굴 선택할 건가요? 그 이유는 무엇인가요?

- 알버트의 주인은 왜 알버트를 총으로 쏘았나요?

내 가게를 돌려주세요.

나억울 씨와 왕배째 씨가 싸움을 벌여 경찰이 조사를 시작했습니다. 내용인즉, 빵가게 주인인 나 씨는 1년 전, 왕 씨를 직원으로 뽑아서 빵가게를 전부 맡겼습니다. 왕 씨가 빵가게에서 번 돈을 나 씨에게 보내 주고, 그 대가로 나 씨는 왕 씨에게 월급을 주기로 계약을 한 것입니다. 그 후 나 씨는 1년 동안 해외여행을 다녀왔습니다. 문제는 왕 씨가 1년 동안 월급은 꼬박꼬박 받았으면서, 나 씨에게 빵가게에서 번 돈을 한 푼도 주지 않았다는 것입니다. 게다가 화가 난 나 씨가 왕 씨를 해고하려고 했더니, 오히려 '빵가게를 자신에게 맡기기로 계약을 했으니 가게 주인은 참견하지 말라'고 하는 게 아니겠어요.

나억울 : 내가 빵가게 주인인데, 월급 주고 고용한 사람이 주인 행세를 하며 날 무시하니 억울합니다.

왕배째 : 가게 주인과 계약한 대로, 이 가게는 내 마음대로 관리할 수 있어. 그리고 내가 빵 판 돈을 빼돌렸다고 하는데 어디 증거가 있어? 증거를 대라!

경찰은 나억울 씨의 사정이 안타깝기는 하지만, 왕배째 씨 말도 틀린 말은 아니라며 더 세밀한 조사가 필요하다고 밝혔습니다.

―〈청어람 신문〉 이어람 기자

- 나억울 씨는 왜 왕배째 씨에게 가게를 맡겼을까요?

- 나억울 씨와 왕배째 씨 중 누가 잘못했다고 생각하나요?

- 위 이야기는 정치와도 관련이 있습니다. 국가의 주인은 국민이지만, 국민은 대표자에게 정치를 대신 맡겼지요. 그럼, 국민이 나억울 씨처럼 국가의 일에 관심을 갖지 않으면 어떻게 될지 생각해 보세요.

5 국제정치의 역할

전쟁 없는 세상 만들기
국경을 허무는 사람들

전쟁 없는 세상 만들기

평화는 언제, 어디에서 오는 걸까?
1945년 일본에 원자폭탄이 떨어지고,
제2차 세계대전은 끝이 났다.
원자폭탄이 떨어진 건물 위로 날아오르는
평화의 상징 비둘기.
평화는 언제, 어디에서 오는 걸까?

크리스마스 휴전

"너무 조용하군."

"그러게. 독일 놈들도 지쳤을 거야."

참호 속에서 몸을 웅크리고 앉은 두 명의 영국 병사가 조용히 이야기를 나누고 있었습니다.

며칠 동안 벌어진 전투로 영국군과 독일군 모두 큰 피해를 입었습니다. 영국군의 참호와 독일군의 참호 사이에 있는 벌판에는 수없이 많은 시신들이 내버려져 있었습니다. 미처 죽은 동료의 시신을 옮길 수도 없을 만큼 전투는 치열했습니다.

"오늘이 크리스마스이브라네. 알고 있나?"

"이런 피비린내 나는 전쟁터엔 예수님도 오지 않으실 거야. 우리에게 크리스마스라니, 이젠 다른 세상의 일인 것만 같아."

두 병사는 어두운 얼굴로 하늘을 올려다보았습니다. 깜깜한 하늘엔 그저 동료들의 신음 소리와 매캐한 화약 연기만이 가득했습니다.

그때였습니다. 어둠을 뚫고 어디선가 조용한 노랫소리가 들려왔습니다. 두 병사는 노랫소리가 들리는 곳이 어딘지 두리번거렸습니다. 참호 안 여기저기에 누워 있던 다른 병사들도 서로를 바라보았습니다.

"누가 노래를 부르는 거지?"

"쉿!"

노랫소리는 점점 뚜렷해졌습니다.

고요한 밤 거룩한 밤 어둠에 묻힌 밤/ 주의 음성 들으며 감사기도 드릴 때……

그 노래는 바로 독일군 참호 쪽에서 들려오는 캐럴이었습니다. 모두가 꼼짝도 하지 않고 노랫소리에 귀를 기울였습니다. 노랫말 한 소절, 한 소절이 병사들의 가슴 속에 파고들었습니다. 이윽고 노래가 끝나자, 영국 병사들은 하나둘 박수를 치기 시작했습니다. 박수 소리는 점점 커져 독일군 참호까지 닿았습니다.

"여기서 캐럴을 들을 줄은 몰랐어. 우리 가족들도 지금쯤 모두 모여서 크리스마스를 보내고 있겠지?"

"아, 어머니와 동생들이 너무 보고 싶어. 모두들 잘 있을까?"

영국 병사들은 저마다 가족들 생각에 눈시울을 붉혔습니다.

"앗, 독일군이 오고 있다!"

참호 밖을 지켜보고 있던 한 병사가 소리쳤습니다. 모두들 재빨리 옆에 있던 총을 움켜쥐고 전투 자세를 취했습니다. 그러나 벌판을 가로질러 오는 독일군은 단 한명, 그의 손에는 작게 반짝이는 불빛이 하나 들려 있을 뿐이었습니다.

"저게 뭐지?"

"아니, 크리스마스트리잖아?"

독일 병사는 총이 아니라 작은 나무에 초를 꽂은 크리스마스트리를 들고 있었습니다.

벌판의 중간쯤에서 독일 병사가 외쳤습니다.

"쏘지 마시오! 난 그저 대화를 하고 싶을 뿐이오. 여러분 중에서 누가 나와서 내 이야기를 들어주었으면 좋겠소."

그러자 영국군 쪽에서도 한 명의 병사가 걸어 나갔습니다.

"메리 크리스마스!"

"메리 크리스마스!"

두 병사는 마주 보고 크리스마스 인사를 나누었습니다.

"오늘은 크리스마스이브입니다. 우리 단 하루만 전쟁을 멈추고, 동료들의 시신을 거두는 게 어떻겠습니까?"

"그래요. 오늘 하루는 적이 아니라 우리 모두 하느님의 아들들로 평화롭게 지냅시다."

영국군과 독일군은 모두 벌판으로 나왔습니다. 그리고 무기를 놓은 따뜻한 손으로 악수를 나누었습니다. 그들은 먼저 벌판에 가득한 시신들을 모아 장례식을 치러 주었습니다. 영국군은 독일군을 위해, 독일군은 영국군을 위해 기도를 올렸지요.

한 영국 병사가 독일 병사에게 초콜릿을 내밀었습니다.

"크리스마스 선물입니다. 이것밖엔 줄 게 없군요."

"고맙습니다. 이건 제 선물이에요."

독일 병사도 작은 술병을 내밀었습니다.

그들은 서로 가족 사진을 보여 주며, 즐겁게 이야기를 나누었습니다. 어깨동무를 하고 기념사진도 찍었습니다. 시신이 치워진 벌판에서는 영국군과 독일군이 축구경기를 벌이기도 했습니다.

그 날 하루 동안, 그곳은 총소리 가득한 전쟁터도 아니었고, 서로 싸워야 할 적군도 아니었습니다. 그저 가족을 사랑하고, 다른 누군가와 마음을 열어 친구가 될 줄 아는 그런 평범한 사람들이었습니다.

- '크리스마스 휴전'은 1914년, 제1차 세계대전 중에 일어났던 이야기야. 거짓말 같은 잠깐 동안의 휴전이 끝나고, 전쟁은 그 뒤로도 44개월이나 계속되었어. 수백만 명의 사람들이 죽었고, 전쟁이 일어났던 지역은 폐허가 되었지. 전쟁이 끝나자 승리한 나라도, 패배한 나라도 얻은 것은 없었어. 많은 나라들이 전쟁을 후회했지. 그래서 다시는 이런 전쟁이 일어나지 않도록 하기 위해 '국제연맹'을 만들었어.

나라와 나라의 만남, 국제사회

사람은 사회 속에서 살아간다고 했어. 가정, 학교 같은 작은 사회도 있고, 국가 같은 큰 사회도 있지. 그리고 내가 살고 있는 나라 밖으로 눈을 돌려 보면, 우리는 전 세계라는 더 큰 사회 속에서 살아가고 있단다. 이렇게 지구 위에 존재하는 수많은 나라들이 만드는 사회를 '국제사회'라고 불러.

우리는 앞에서, 사람들이 살아가는 사회는 언제나 갈등이나 다툼이 생긴다고 배웠어. 그리고 그걸 지혜롭게 해결하고 행복하게 살기 위해 '정치'를 한다고 했지. 이처럼 나라와 나라가 만든 '국제사회'에서도 갈등이나 다툼이 있단다. 때로는 그 갈등이 너무나 커져서 전쟁이라는 큰 비극으로 이어지기도 하지.

국제연합의 탄생

19세기 후반, 유럽의 프랑스, 독일, 영국, 오스트리아 같은 나라들은 아프리카와 아시아에 있는 나라들을 식민지로 만들었어. 자기네 나라에서 남아도는 물건을 팔 시장이 필요했고, 또 아프리카나 아시아의 자원을 마음대로 가져오기 위해서였지. 그러다 보니, 각 나라들이 더 많은 식민지를 차지하기 위해 서로 힘을 겨루는 일이 잦아졌고, 결국 제1차 세계

대전이 일어나게 되었단다. 전쟁이 끝나자, 나라들끼리의 문제를 조정할 수 있도록 '국제연맹'이라는 기구를 만들었어. 하지만 국제연맹은 힘이 센 미국이나 소련(지금의 러시아)같은 나라가 참여하지 않아서 제대로 일을 할 수 없었지.

그러다 1939년 또 한 번 세계는 전쟁에 휩쓸리게 되었어. 독일, 이탈리아, 일본이 자기 나라의 힘을 키우기 위해 주변 나라들을 공격한 거야. 그래서 미국, 영국, 프랑스, 소련 등 49개국이 힘을 합쳐 전쟁에 나섰어. 제2차 세계대전은 1945년에 끝이 났고, 그 피해는 이루 말할 수가 없었지.

그래서 이번엔 정말 국제사회의 평화와 안전을 지킬 수 있는 국제기구가 필요하다는 데 모두 생각을 같이했어. 그래서 미국, 소련, 중국 등 힘이 있는 나라들이 모두 참여해서 '국제연합(유엔)'을 만들게 되었단다.

국제연합(유엔)은 어떤 일을 할까?

2006년, 유엔 사무총장에 우리나라 반기문 씨가 선출되었어. 그때 우리는 이제 한국도 국제사회에서 한층 지위가 올라갔다고 기뻐했지. 유엔이 전 세계의 평화와 행복을 위해 일하는 중요한 기구이기 때문이야.

우리나라는 1991년 북한과 함께 국제연합에 가입했어요. 2009년 현재, 총 172개국이 국제연합에 가입했습니다.

처음 국제연합이 만들어진 이유는 국제사회의 평화를 위해서야. 나라들 사이의 다툼을 조정하고, 평화롭게 해결할 수 있도록 하는 게 가장 큰 목적이라고 할 수 있지. 국제연합은 우선 분쟁이 있는 나라끼리 전쟁이 일어나지 않도록 중간에서 많은 노력을 기울여. 그런데도 전쟁이 일어났다면 국제연합에서는 군대를 보낼 것인지를 의논하고, 여러 나라의 군인으로 이루어진 연합군을 보낸단다. 1950년 우리나라에 전쟁이 일어났을 때도 유엔에서 보낸 연합군의 도움을 받은 일이 있지.

그 밖에도 국제연합은 전 세계의 많은 문제들에 관심을 갖고, 도움을 주기 위해 노력하고 있어. 전쟁이나 자연재해로 나라를 떠난 사람들을 돕는 일, 전 세계의 소중한 문화유산을 보호하는 일, 경제가 어려운 나라를 돕는 일 등을 하고 있지. 그래서 국제연합 안에는 다양한 기구들이 있단다. 그 기구들이 하는 일을 간략하게 살펴볼까?

- **유니세프** : 유니세프는 국적이나 인종, 종교에 상관없이 고통받는 어린이가 있는 곳으로 달려가 도움을 준다. 한국전쟁이 일어났을 때, 우리나라도 유니세프의 도움을 받았다. 유니세프는 약품, 의류, 분유 등의 구호품을 전달했고, 어린이 교육을 위해 교사를 훈련시켰으며, 유치원을 설립했다. 1994년 유니세프 한국위원회가 설립되었고, 그 뒤 우리나라는 다른 어려운 나라의 어린이를 도와주게 되었다.

- **유네스코** : 국제사회가 문화, 교육, 과학 분야에서 서로 협력하여 발전을 이루기 위해 만든 기구이다. 인류가 서로의 문화를 보호하고, 지킬 때 진정한 평화가 온다는 생각으로 만들어졌다. 유네스코는 세계의 소중한 문화유산이나 자연유산을 지정하여 보호하는 사업을 펼치고 있다. 우리나라의 창덕궁, 석굴암과 불국사, 수원 화성 등도 세계문화유산으로 지정되었다.

- **국제 연합 인권 위원회** : 1948년 세계인권선언을 만들어 전 세계의 모든 사람들이 인간으로서의 존엄성을 누리고 살 수 있도록 발판을 마련했다. 인종이나 성별, 종교 때문에 차별하는 일이 없는지 살피고, 그런 일이 있는 나라에 권고를 한다.

- **세계식량계획** : 세계의 굶주리는 사람들에게 식량을 지원하기 위해 1961년에 설립된 기구이다. 본부는 이탈리아 로마에 있다. 자연재해, 기아, 전쟁 등으로 식량이 부족한 곳에 곡물을 구입하여 전달한다.

- **유엔고등판무관실** : 전쟁 때문에 나라를 떠나 난민이 된 사람들을 보살피는 일을 한다. 난민촌을 만들어 생활할 수 있게 도움을 주고, 전쟁이 끝나면 다시 고향으로 돌아갈 수 있도록 해 준다.

국제연합의 본부는 미국 뉴욕에 있어요. 국제연합의 조직은 총회, 안전보장이사회, 경제사회이사회, 국제사법재판소, 사무국, 신탁통치이사회, 이렇게 여섯 개의 주요기관으로 이루어져 있지요. 그 외에 주요기관을 돕는 보조기관, 국제연합과 협력하여 일하는 전문기구들이 있습니다.

국제사회에도 법이 있을까?

길을 가다 이유 없이 다른 사람을 때리거나, 가게에 들어가 물건을 훔친다면, 그 사람은 분명히 법대로 처벌을 받게 될 거야. 한 나라 안에는 반드시 지켜야 할 법이 있고, 법을 어기면 벌을 받는 것이 당연해. 힘이 세거나, 돈이 많다고 해서 법을 피해 갈 수는 없단다.

그럼, 나라와 나라 사이에도 법이 있을까? 물론 있지. 나라와 나라 사이에도 처리할 여러 가지 일들이 있기 때문에 법이 꼭 필요해. 나라 사이의 법을 국제법이라고 부르는데, 국제법은 우리가 보통 생각하는 법과는 조금 달라.

국제법은 정해진 법 조항이 있는 게 아니라, 나라와 나라끼리 또는 나라와 국제기구 사이에 필요할 때마다 '조약'을 맺는 것을 말해. 미국과 한국은 1953년 '한미상호방위조약'을 맺었어. 한국과 미국이 태평양 지역의 평화를 위해서 어떻게 서로 도울 것인가를 정해 놓은 조약이지. 이 조약은 미국과 한국만 지키면 되고, 다른 나라는 지킬 필요가 없는 거야.

그리고 우리가 생각하는 법은 모든 사람에게 평등한 것이지만 국제법은 그렇지 않아. 국제법은 사실 지키지 않아도 벌을 줄 수 있는 기관이 없단다. 국제연합 안에 있는 '국제사법재판소'에서 나라 사이의 문제를 조정하지만, 강제로 처벌을 내리지는 못 해.

그렇기 때문에 국제사회의 평화를 위해서는 무엇보다도 각 나라들이 자신들의 이익 때문에 국제 질서를 어지럽히지 않고, 서로 이해하면서 문제를 풀어가려는 노력이 필요해.

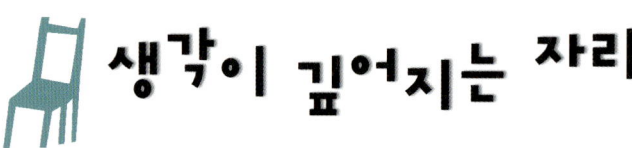 생각이 깊어지는 자리

국제사회에서는 서로 자기 나라의 이익을 먼저 생각하기 때문에 서로간의 충돌이 일어날 수 있어요. 그 충돌이 결국은 제1차 세계대전, 제2차 세계대전으로 이어졌습니다. 세계대전 중 일어난 이야기를 읽고 국제사회에서 중요한 것이 무엇인지 생각해 보세요.

- 독일군 참호에서 들려온 노랫소리를 들었을 때 영국 병사들의 마음은 어땠을까요?

- 전쟁 중 영국과 독일군이 하루 동안 전쟁을 멈추기로 한 이유는 무엇이었나요?

- 크리스마스 휴전 동안 영국 병사들과 독일 병사들은 친구처럼 지낼 수 있었습니다. 그런데도 그 뒤에 전쟁을 멈추지 못하고, 계속 싸울 수밖에 없었던 이유는 무엇일까요?

- 국제사회가 국제기구를 만들 필요성을 느낀 이유는 무엇인가요?

미국 마음대로 하는 전쟁!

2003년 3월 20일, 미국은 이라크와 전쟁을 시작했습니다. 미국은 전쟁을 하는 이유가 이라크에 있는 대량살상무기를 없애고, 후세인 독재 정권을 무너뜨리기 위해서라고 했습니다.

미국은 그 전쟁을 승인받기 위해 유엔에 요청했지만, 유엔의 안전보장이사회는 전쟁을 반대했습니다. 유엔국제사찰단이 이라크를 조사했지만 살상무기를 발견할 수 없었기 때문입니다. 하지만 미국은 유엔의 결정을 무시하고 결국 전쟁을 일으켰습니다. 중국, 러시아, 프랑스, 독일 등 여러 나라가 미국의 이라크 침공을 비난했습니다.

국제사회는 미국이 지난 2001년 9월 11일에 일어난 이슬람 무장 세력이 세계무역센터를 폭파한 것에 대한 보복으로 전쟁을 시작한 것이고, 결국 목적은 이라크의 석유를 갖기 위한 것이라며 목소리를 높였습니다.

- 미국은 유엔의 결정을 받아들이지 않고 전쟁을 시작했습니다. 그런데도 유엔이 미국을 막지 못한 까닭은 무엇일까요?

- 이라크를 침공한 미국의 태도에 대해서 어떻게 생각하나요? 국력이 강하다고 해서 국제 질서를 어지럽힌다면 어떤 일이 일어나게 될까요?

- 자기 나라의 이익을 생각하는 것이 먼저일까요? 국제 사회의 평화를 생각하는 것이 먼저일까요? 내가 미국 대통령이라면 어떤 결정을 내릴지 곰곰이 생각해 보세요.

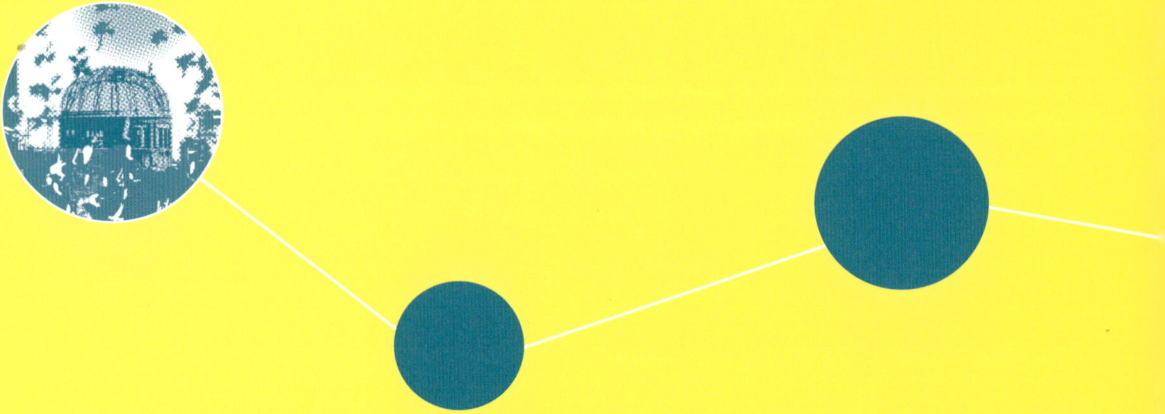

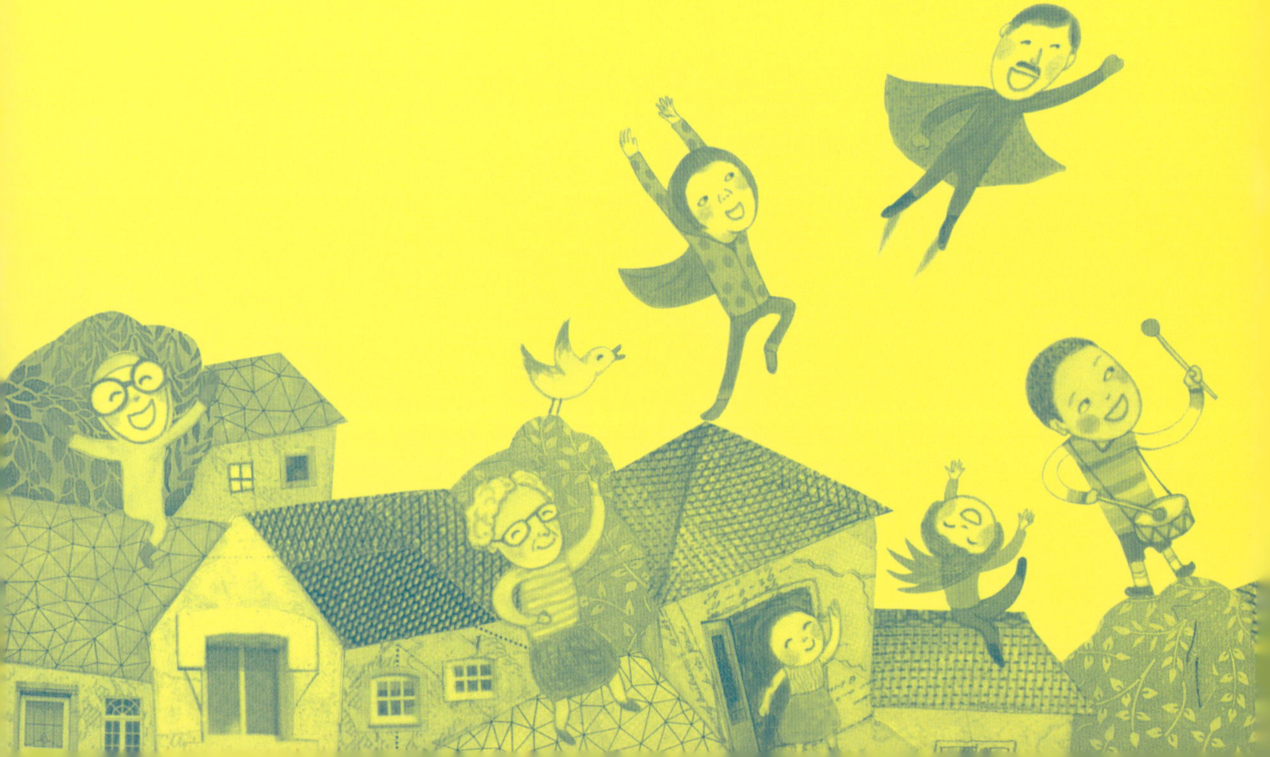

국경을 허무는 사람들

누가 지구를 지키지?
태권브이? 독수리 오형제?
아니, 그건 바로
너와 나 그리고 우리!

세계 시민들은 지금

〈전쟁 반대!!〉

"미국이 이라크를 침공한 지 6년째입니다. 그동안 죄 없는 이라크 민간인들이 죽거나 다쳤습니다. 이제 전쟁을 그만두고, 평화를 찾아야 할 때입니다."

— 미국 뉴욕에서, 반전단체 회원

"우리는 국경 없는 의사회입니다. 소말리아는 지금 전쟁과 가난 때문에 큰 고통을 겪고 있습니다. 다섯 명의 어린이 중 한 명이 다섯 살이 되기도 전에 죽고 있습니다. 우리는 이 어린이들이 생명을 잃지 않도록 최선을 다하려고 합니다."

— 소말리아에서, 프랑스 자원봉사자

"전쟁과 가뭄으로 고향을 떠나온 사람들이에요. 저희는 지금 이 사람들에게 줄 식량과 약품을 가지고 왔어요."

―아프가니스탄에서, 구호단체 직원들

"전쟁으로 학교가 파괴되었어요. 학생들이 볏집으로 지은 교실에서 책상과 의자도 없이 공부하고 있어요. 우리는 새 학교를 지어 주려고 합니다."

―모잠비크에서, 월드비전 회원

"북한에 보낼 모자를 뜨고 있어. 텔레비전에서 본 북한 어린이들 옷이 너무 얇아 보였어. 모자라도 있으면 덜 춥지 않겠어."

―한국에서, 65세 할머니

"용돈 받은 걸 저금했어요. 이 돈으로 가난한 나라의 어린이들을 도울 거예요."

―일본에서, 열 살 초등학생

"제 아들입니다. 예쁘죠? 작년에 월드비전을 통해 후원을 하게 되었어요. 제가 보내는 한 달 2만원으로 이 아이가 다시 학교에 다니고, 가족들이 밥을 먹을 수 있게 되었대요."

―스페인에서, 40대 주부

"지구온난화 때문에 점점 사막이 늘어가고 있습니다. 사막이 많아지면, 물이 부족해지고, 황사도 심해집니다. 우리는 이 사막이 푸른 숲으로 바뀔 때까지 나무를 심을 겁니다."

―몽골 사막에서, 회사 직원들

"바다는 쓰레기장이 아닙니다. 바다에 버려지는 더러운 쓰레기, 오염된 기름은 결국 우리에게 돌아올 겁니다."

―그린피스 회원

"중국은 정부를 비판하는 인터넷 사이트를 폐쇄했습니다. 또 유튜브 접속을 통제해서 사람들이 동영상을 볼 수 없게 했습니다. 유튜브에 중국 공안이 티베트 시위자를 폭행하는 장면이 있었기 때문입니다. 중국은 인터넷의 적입니다."

―국경 없는 기자회

"한국은 표현의 자유를 제한하고 있습니다. 한미 쇠고기 협정 때문에 시위에 나온 사람들을 구속하고, 청소년들에게 집회에 참여하지 못하게 합니다.

정부의 역할은 자기 표현을 하는 사람들을 보호해 주는 것입니다."

—국제사면위원회

고래 사냥 대신 고래 관광을……
"그린피스 회원들과 함께 고래 사냥 금지 캠페인을 벌였어요. 우리 마을에 고래를 보러 오는 관광객들이 많아졌으면 좋겠습니다."

—한국, 장승포 초등학교 학생

"커피 회사들은 아주 싼값에 커피콩을 사서, 소비자들에게 비싸게 팔지요. 제가 마시는 이 커피는 커피 농가에 정당한 대가를 지불하고 가져온 공정무역 커피예요."

—이탈리아에서, 30대 직장인

"저는 축구를 좋아해요. 그런데 텔레비전에서 축구공을 만드는 일곱 살 된 외국 어린이를 봤어요. 캄캄한 방에서 축구공에 바느질을 하고 있었어요. 저는 축구공 만드는 회사에 어린이 노동을 시키지 말아 달라고 편지를 보냈어요."

—영국에서, 축구를 좋아하는 어린이

> ● 세계 시민들은 아주 바쁘게 하루하루를 보내고 있어. 미국에 사는 마이클은 전쟁 반대 때문에 집회에 나갔고, 구호단체 직원은 아프리카에 구호물자를 전달하러 가 있지. 또 영국의 한 어린이는 축구공을 만드는 회사에 어린이에게 일을 시키지 말라는 편지를 보내고 있고 말이야. 그런데 세계 시민들의 행동을 살펴보면, 공통점이 있어. 모두들 자기 나라의 일이 아닌 먼 나라의 일, 또는 지구 전체의 일에 관심을 가지고 행동하고 있거든. 그 이유는 무엇일까? 바로, 우리가 지구라는 하나의 세계에서 살고 있기 때문이야.

세계 시민들이 만들다

'지구촌'이란 말을 들어 봤을 거야. 지구가 하나의 마을처럼 가깝다는 뜻이지. 교통과 통신이 발달한 덕분에, 세계는 정말 한 나라처럼 가까워졌단다. 우리가 먹는 밥상을 한번 떠올려 보렴. 호주에서 온 쇠고기, 칠레에서 온 포도, 일본에서 온 된장…… 다른 나라에서 온 먹거리가 우리 밥상에 자연스레 올라와 있지. 또 옷장이나 신발장을 열어 보렴. 중국에서 만든 옷, 말레이시아에서 만든 신발이 들어 있을 거야.

인터넷 세상에서는 외국 친구들의 글과 동영상을 보면 그들이 어떤 생각을 하고, 어떤 문화를 즐기는지 알 수 있어. 또 아무리 먼 나라에 있는 사람이라도 전화나 인터넷으로 쉽게 만날 수 있지. 세계가 이렇게 가까워졌기 때문에, 이제 먼 나라에서 일어나는 일이라고 해서 나와 아무

상관없다고 무시할 수 없게 된 거야.

우리는 바로 앞 장에서 나라와 나라가 협력해서 평화로운 세계를 만들기 위해 노력하는 모습을 살펴보았지. 국제연합과 같은 기구를 만들어 전쟁을 막고, 경제나 환경 등 여러 문제를 해결하려고 힘쓰고 있지.

그런데 나라와 나라들이 모여서 만든 국제기구 말고도, 나라에 상관없이 세계 시민들이 모여 만든 국제기구들이 있어. 이런 기구를 NGO라고 불러. 비정부 기구라는 뜻인데, 말 그대로 정부와 상관없이 개인들이 모여서 전 세계의 환경, 인권, 전쟁, 가난 등의 문제를 해결하기 위해 노력하는 거란다.

대표적인 NGO로는 환경 운동을 하는 '그린피스', 전쟁이나 기아, 자연재해 현장으로 달려가 의료 활동을 펼치는 '국경 없는 의사회', 세계의 인권을 지키기 위해 힘쓰는 '국제사면위원회', 가난한 나라에서 교육, 의료, 식수 사업을 펼치는 '월드비전' 등이 있어.

이런 NGO들은 모두 처음에는 한 사람, 또는 몇 사람의 작은 실천으로 시작되었지만 지금은 전 세계의 시민들이 함께 참여해서 큰 힘을 발휘하고 있단다. 그럼, 기구들이 처음에 어떻게 생겨났는지, 어떤 역할을 하고 있는지 살펴보자.

인권을 지키는 국제사면위원회

1961년, 영국의 피터 베넨슨 씨는 신문 기사를 보고 깜짝 놀랐어. 신문에는 포르투갈의 두 청년이 '자유를 위하여'라며 건배했다는 죄로 체포되어 감옥에서 7년을 살게 되었다는 기사가 실려 있었지.

그 당시 포르투갈은 살라자르라는 수상이 오랫동안 권력을 잡고 있었는데, 국민들이 함부로 '자유' 같은 말을 하지 못하게 했어. 베넨슨 씨는 두 명의 청년들을 돕기 위해 '옵서버'라는 신문사에 기사를 냈단다.

신문을 펼치면, 당신은 아마도 세상 어딘가에서 누군가가 자신의 의견이나 종교가 그 국가의 이념에 맞지 않는다는 이유로 감옥에 갇히고, 고문을 당하고 있다는 소식을 들을 수 있을 것입니다. 이런 기사를 읽으면 그들을 위해 아무것도 할 수 없다는 게 안타깝지요. 그런데 만약 이런 생각을 가진 사람들이 모두 모인다면 어떨까요? 혼자서는 어렵지만 많은 사람들이 모인다면 무언가를 할 수 있을 것입니다.

이 기사를 본 많은 사람들이 베넨슨 씨와 생각을 같이했고, 6개월 뒤에 한 단체를 만들어 포르투갈에 대표단을 보내, 갇힌 사람들을 풀어 달라고 요청했어. 이 단체가 바로 인권운동을 하는 '국제사면위원회(엠네스티)'란다.

국제사면위원회는 세계 각국에 갇혀 있는 양심수를 석방시키기 위해 힘쓰고 있어. 회원들은 억울하게 갇힌 사람들을 풀어 달라는 편지를 보내는데, 수만 통의 편지가 모여 실제로 큰 힘을 발휘한 경우가 많아.

　그 외에도 여성 차별 금지, 고문이나 사형제도 폐지, 무기거래통제 등과 같은 인권을 지키기 위한 운동을 벌이고 있어. 지금은 회원 수가 전 세계 160여 개국에 220만 명이나 된단다.

환경을 지키는 그린피스

지구를 지키는 파수꾼 그린피스는 1971년 열두 명의 환경보호운동가들이 모여서 만든 환경보호단체야. 이들은 미국이 암치카 섬에서 핵실험을 하는 것을 막으려고 작은 배에 몸을 실었단다. 그때 배에 '그린피스'라고 녹색깃발이 걸려 있었는데, 그게 바로 이 단체의 이름이 되었지.

그린피스 회원들은 특히 몸을 아끼지 않는 활동으로 주목을 받았어. 고래 사냥을 막기 위해 고래잡이 작살 앞에 몸을 던졌고, 핵연료 운반을 막기 위해서 사슬로 몸을 묶고 철길 위에 드러눕기도 했단다.

이런 노력 때문에 그동안 많은 성과를 거두었어. 그린피스가, 러시아가 핵 잠수함 폐기물을 바다에 몰래 버리는 것을 발견하고 언론에 보도하자 세계에서 비난 여론이 쏟아졌단다. 이 때문에 그동안 폐기물을 바다에 버리던 나라들은 더 이상 바다에 오염물질을 버리지 않겠다는 약속을 해야 했어.

그 밖에도 핵실험금지조약이 만들어진 것이나, 50년 동안 남극에서 광산 개발을 금지하게 한 것도 모두 그린피스의 노력 덕분이야.

지금, 그린피스는 세계 158개국에서 300만 명이 넘는 회원을 가진 큰 영향력을 가진 단체가 되었어. 그린피스 회원들은 깨끗한 지구를 만들기 위해 지금도 두 눈을 크게 뜨고 파수꾼 역할을 하고 있단다.

맨발로 달려가는 국경 없는 의사회

1968년, 나이지리아에서 내전이 일어났어. 비아프라 지역이 독립을 주장하며 나이지리아 정부와 전쟁을 하게 된 거야. 프랑스의 의사들 한 팀이 그 곳 적십자 병원으로 자원봉사를 떠나게 되었지. 그들은 그곳에서 영양실조로 죽어 가는 수십만 명의 사람들을 보았어. 그들은 나이지리아 정부를 비난하며, 이 일을 국제사회에 알리기로 결심했단다.

그리고 돌아와서 자연재해나 전쟁, 기아 때문에 죽어 가는 전 세계 사람들을 돕는 응급의료단을 만들었어. 이 응급의료단이 '국경 없는 의사회'야.

'국경 없는 의사회'는 그 이름처럼 위기에 처한 사람들을 구하기 위해 어떤 위험한 곳이든 달려간단다. 그동안 캄보디아, 코소보, 수단과 같은 지역에서 몸을 아끼지 않고 의료 활동을 펼쳤어. 2003년, 이라크 전쟁이 일어났을 때는 낮에는 남부 이라크 지역으로 넘어가 부상자를 치료하고, 저녁이면 쿠웨이트로 돌아오는 위험한 활동을 벌이기도 했지.

가뭄이나 홍수 때문에 고향을 떠나 굶주림으로 목숨을 잃어 가는 사람들을 위해서는 치료급식센터를 열고, 병원이 없는 작은 마을에는 이동 진료소를 만들어 치료를 해 주고 있단다.

'국경 없는 의사회'는 이런 노력을 인정받아 1999년에는 노벨 평화상을 받기도 했어. 그리고 지금은 한 해에 5000여 명의 자원봉사자를 전 세계 70여 개국에 보내서 응급의료 활동을 벌이는 큰 단체로 성장했지.

세계 시민으로 살아가기

우리는 그동안 시민들이 정치에 관심을 가지고 참여하는 것이 중요하다고 배워 왔어. 참여는 주인의식을 갖지 않으면 안 되는 일이야. '내가 나라의 주인이다'라는 생각을 가지고 있으면 선거에도 적극적으로 참여하게 되고, 부당한 권력이 있을 때 힘을 합쳐 몰아낼 수도 있지. 또 평소에도 정치인들이 정치를 잘하고 있는지 늘 관심을 가지고 살펴보게 되고 말이야.

이렇게 한 나라의 정치가 사람들을 행복하게 만들기 위해서는 무엇보다도 시민들의 참여가 필요하지. 이와 마찬가지로 전 세계의 평화와 행복을 위해서도 중요한 건 세계 시민들의 '참여'란다.

'3의 법칙'이란 게 있어. 세 사람이 모이면 상황을 바꿀 수 있게 된다는 뜻이야. 세 사람이 모이면 좀 더 많은 사람들이 모이게 되고, 그러면 어려운 일도 해결해 낼 수 있어. 앞에서 살펴본 국제사면위원회, 국경없는 의사회와 같은 국제기구도 처음에는 몇 명이 모여 행동하는 것부터 시작했지만, 지금은 큰 단체가 되어 활동하고 있잖아.

아프리카의 가난을 없애는 일, 핵무기를 없애고 세계평화를 지키는 일, 생각하면 나 혼자서는 도저히 할 수 없는 일이지만, 세계 시민들이 모두 뜻을 같이한다면 하나씩 해결해 나갈 수 있을 거야.

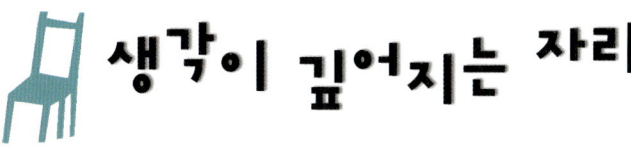
생각이 깊어지는 자리

지금, 세계는 수없이 많은 문제를 함께 고민하고 있습니다. 지구 온난화 때문에 환경 문제가 날이 갈수록 심각해지고, 아프리카나 아시아 지역에는 가난 때문에 밥을 먹지 못하고, 교육을 받지 못하는 어린이들이 많습니다. 또 종교와 인종 문제로 전쟁을 벌이고 있는 나라들도 있지요. 전 세계에 어떤 문제들이 있고, 또 세계 시민들은 어떻게 행동하고 있는지 생각해 보세요.

- 세계 각국의 사람들은 다양한 문제에 관심을 가지고 있습니다. 이야기 속에서 나타난 세계 문제들은 무엇이 있습니까?

- 우리나라가 아닌 먼 나라의 일에 관심을 가지고, 돕기 위해서 행동하는 이유는 무엇일까요?

- 이야기 속 사람들은 먼 나라에 가서 구호 활동을 하거나, 가난한 나라를 돕기 위해 후원을 하고 있습니다. 내가 관심을 가지고 있는 세계 문제는 무엇인지, 또 어떤 방법으로 참여하고 싶은지 생각해 보세요.

- 현우네 반에서는 〈지구촌 소식〉을 읽고, 토론 시간을 가졌습니다. 다음은 여러 친구들의 의견입니다. 친구들의 의견을 듣고, 내 생각은 어떤지 말해 보세요.

> 〈지구촌 소식〉 물 때문에 울고, 물 때문에 웃고!
>
> 아프리카 가나에 사는 열 살 소녀, 아미나는 학교에 가지 못합니다. 아미나에게는 꼭 해야 할 일이 있기 때문입니다. 아미나는 걸어서 몇 시간이나 걸리는 못에 가서 물을 길어 와야 합니다. 아미나가 길어 오는 물은 무척 더럽습니다. 이 물로 아미나 가족은 씻고, 마시고, 음식을 만들어 먹습니다.

아프리카의 많은 아이들이 물을 길으러 다니느라 아미나처럼 학교에 다니지 못하고 있습니다. 또 더러운 물 때문에 많은 사람들이 콜레라나 장티푸스 같은 병에 걸려 목숨을 잃습니다. 어린아이들은 더러운 물에 손을 씻고, 세수를 하는 바람에 안질에 걸리고, 결국 영영 시력을 잃기도 합니다.

만약 마을에 깨끗한 물이 나오는 식수펌프나 우물을 만든다면 마을 사람들의 생활은 완전히 달라질 수 있습니다. 어린이들은 멀리까지 물을 길으러 가지 않아도 되기 때문에 학교에 다닐 수 있습니다. 또 위험한 병에 걸리는 경우도 줄어들 것입니다. 몸이 건강해진 어른들은 열심히 농사를 지을 수 있고, 경제적으로 더 나은 삶을 살 수 있게 됩니다.

우리가 하루 종일 생각 없이 쓰는 많은 물은 아프리카의 많은 사람들에게는 생명과 같은 것입니다. 지구의 물은 하나로 연결되어 있습니다. 한쪽에서 물을 많이 쓴다면 어느 한쪽에서는 물이 부족해집니다. 한쪽에서 물을 더럽힌다면, 다른 쪽으로 흘러가기 마련입니다. 지금은 아프리카가 물 때문에 고통받고 있지만, 언젠가 전 세계의 사람들이 물 부족으로 고통받을 수 있습니다.

우리는 지금 아프리카를 위해, 또 미래의 물을 위해 무엇을 해야 할까요?

현우: 우리 반에서 성금을 모아 구호단체에 보내는 게 어떨까요? 그러면 그 돈이 식수펌프나 우물을 만드는 데 쓰일 수 있잖아요.

지수: 제 생각은 다릅니다. 얼마 전 강원도 태백에 사는 사람들도 물이 없어서 불편을 겪는 걸 봤어요. 아프리카를 돕는 것도 좋지만, 우리나라 힘든 사람들부터 도와주는 게 어떨까요?

은지: 아프리카나 강원도에 성금을 보내는 것도 좋지만, 그것보다 우리 어린이들이 쉽게 할 수 있는 일을 해야 합니다. 물을 아껴 쓰는 일부터 실천하는 게 어떨까요?

- 현우와 지수는 성금을 보내자는 의견은 같지만, 누구를 도울 것인지에 대한 의견은 다릅니다. 여러분은 현우와 지수 중 누구의 의견을 따르고 싶나요? 그렇게 생각하는 이유는 무엇인가요?

- 은지의 말처럼 물을 아껴 쓰는 일은 아프리카뿐 아니라, 가까운 우리의 미래를 위해서도 중요합니다. 가정에서나 학교에서 물을 아껴 쓸 수 있는 방법은 무엇이 있을까요? 우리가 실천할 수 있는 방법을 찾아보세요.

- 자기 나라의 이익을 생각하는 것이 먼저일까요? 국제 사회의 평화를 생각하는 것이 먼저일까요? 내가 미국 대통령이라면 어떤 결정을 내릴지 곰곰이 생각해 보세요.

〈사진 제공 및 자료 출처〉

박경민 물놀이 23p
백색왜성 대한민국은 민주공화국이다 79p/ 촛불 213p
인천도호부청사 곤장과 곤장대 99p
연합뉴스 선서하는 오바마 대통령 137p/ 투표소 155p/ 원폭 돔 위로 날아오르는 비둘기 떼 251p/ 지구야~ 사랑해 269p

● 이 책의 사진은 저작권자의 허락을 받아 게재했습니다. 저작권자를 찾지 못해 게재 허락을 받지 못한 사진은 저작권자가 확인되는 대로 사용료를 지불하겠습니다.